阅读经典系列

供初·中级 用

Monkey King

美猴王

主 编/徐玉敏 徐 飞

翻 译/Carolyn Shor Novick

北京师范大学出版集团
BEIJING NORMAL UNIVERSITY PUBLISHING GROUP
北京师范大学出版社

图书在版编目(CIP)数据

美猴王／徐玉敏，徐飞主编.—北京：北京师范大学出版社，2008.7
(阅读经典系列)
供初、中级汉语学习者使用
ISBN 978-7-303-09390-8

Ⅰ.美… Ⅱ.①徐…②徐… Ⅲ.汉语－阅读教学－对外汉语教学－读物 Ⅳ.H195.4

中国版本图书馆 CIP 数据核字(2008)第 101672 号

出版发行：北京师范大学出版社 www.bnup.com.cn
北京新街口外大街 19 号
邮政编码：100875
印　　刷：北京新丰印刷厂
经　　销：全国新华书店
开　　本：184 mm × 260 mm
印　　张：22.25
字　　数：275 千字
印　　数：1～2 000 册
版　　次：2008 年 8 月第 1 版
印　　次：2008 年 8 月第 1 次印刷
定　　价：66.00 元

责任编辑：杨　帆　　装帧设计：高　霞
责任校对：李　菡　　责任印制：马鸿麟

Preface

I'm an American, a psychologist and special education teacher, with a Ph. D. in educational psychology.

In 1986, at the age of 43, I began studying Chinese language after work at a spare-time school in Milan, Italy. When I was beginning to learn to read characters, I had the same kind of feeling as when I began to read words in elementary school: the characters seemed to be of an ambiguous form, and I often had to use context clues to distinguish one from another. When I had already studied about 350 characters, I began to read extracurricular materials, and at the same time, I began studying the components of Chinese characters. I have found that reading supplementary materials is a very effective way of raising one's level in any language.

One day, in a New York City bookstore, I bought some Chinese language storybooks written for students of Chinese as a foreign language. One of these books was called "The Heartless Husband" (a selection from the anthology "Strange Sights Ancient and Modern"). This book uses only 342 commonly-used characters, yet the language is lively and the story is very interesting. While I was reading with understanding the characters, words, and sentences in it, I felt especially excited and stimulated. Unfortunately there are too few books of this type. Later I subscribed to some magazines specially written for young Chinese children, among them "Looking at Pictures and Talking" and "Baby's Illustrated Magazine". Every day, I would find at least 15 minutes for reading them. I found two kinds of difficulties in reading them: vocabulary and grammar. The vocabulary of young Chinese children and the vocabulary of adult foreign learners of Chinese are very different, and in addition these books had no vocabulary lists with translations into English. Moreover, even if I had known the characters and words, I would still have had trouble with understanding because I hadn't yet studied enough grammar. Therefore I sought help from one of my teachers. With his help, I gradually got a good grasp of the main Chinese grammatical constructions and was even able to try my hand at using them in sentences. At the end of the school year, I was able to do extra-curricular reading independently.

Then, no longer having help from my teacher, I chose some supplementary readings especially written for foreign learners of Chinese. I first studied the new word list and then read the selection for the first time. When I read the selection for the second time, I looked up in the dictionary any other new words as I came upon them and wrote them down with their English translations. After memorizing all of the new words, I would read the story for the third time.

I also chose some Chinese children's literature to read. This is the way I chose them. First I would skim through three or four paragraphs without looking up any words. If I was able to understand the gist of what I read, I would read the book; otherwise I would put it aside and choose something else. Reading this kind of material, on the first reading, I would be reading for the essential content. When I came upon new words, I would attempt to guess their meanings by two methods: using my knowledge of the meanings of any familiar characters that were contained in these new words and by using the context. On the second reading, as I came upon new words, I would look them up and make my new word list. After looking up these words, I found, to my surprise and joy, that I had guessed many of them correctly. I found that I remembered especially well those words that I looked up after guessing their meanings, independently of whether I guessed correctly or not. I would then memorize the new words. The third time around, I would only read, without needing to look at my word list. Since I did not need to consult the dictionary on either the first or third reading, I could read while in the bathtub, on the subway train, waiting on lines, etc.. In this way, these readings would be both convenient and productive.

After a few months of doing outside reading, I gradually began to be able to differentiate different characters by analyzing their components. This greatly enhanced my ability to learn and memorize Chinese characters. The characters composed of familiar components were already my "old friends". Doing outside reading was now my way of meeting "new friends". I can still only immediately recognize a small fraction of the characters at first sight. I can correctly guess most characters by using language instinct and context, and when I am stumped I can always decipher the others by analyzing their components.

I think that outside reading in Chinese has at least the following benefits: (1) It can reinforce what one has learned about Chinese characters and grammar. (2) It can enhance one's Chinese language intuition. (3) It can increase one's Chinese vocabulary. (4) It can increase one's interest in reading Chinese materials, stimulate one to take the initiative in Chinese learning activities, increase one's confidence about being able to learn Chinese and generally increase one's level in Chinese.

After completing the adult education spare-time school, I have continued to read materials in Chinese. Most of what I read are articles or fiction in various Chinese magazines to which I have subscribed. I now read less frequently but for a longer amount of time each time I read. Sometimes I read the material only once, looking up only the most important words. Sometimes I read the material twice: the first time just for the gist, and the second time using a dictionary. I now rarely read a piece for a third time, because I would rather use the time to read new materials. But I still feel that the three-readings method described above is very important, especially when I start reading a new type of article. Then I often find that I have to master a lot of new vocabulary and three-readings method is invaluable.

A number of my classmates at the spare-time school stopped reading Chinese materials and consequently lost their Chinese reading ability. I think that this is a pity.

Not long after I finished attending the spare-time school, I came to know Professor Xu Yumin, who was, at that time, a visiting professor of Chinese language at the University of Milan. She gave me private lessons in Chinese for three years. We became good friends. I told her that people studying Chinese needed extra reading materials at the beginning and intermediate levels, but that these were very hard to find. She remembered what I said, and now she has written this book, "Monkey King", for elementary and intermediate level students of Chinese as a foreign language.

I think that the book "Monkey King" is suitable for elementary and intermediate level students of Chinese as a foreign language. I envy you, because when I started doing extra reading in Chinese, I couldn't find this kind of interesting book at this reading level. You are really lucky!

"Monkey King" has 56 chapters. The chapters are not long. When you finish a chapter you are unlikely to feel tired. The book is largely dialogue. Most of these sentences can immediately be used in everyday life. There are exercises at the end of each chapter. The exercises can be used as classroom activities, but they can also be used by the independent reader. The exercises are meant to guide the readers in understanding and thinking about the meaning and usage of words used in this book as well as to check up on various words and phrases which are easily overlooked while reading. At the end of the book there is a section with the answers to the exercises as well as a complete glossary of all of the vocabulary words given in the individual chapters.

When you begin reading " Monkey King", you will be drawn in by the interesting plots of the stories. After you finish reading the book, your Chinese level is likely to be higher than before. Therefore, I would like to recommend this book to students currently studying the Chinese language.

Carolyn Shor Novick

Switzerland, May 8th, 2007

序言

我是美国人，是一个心理学家、教育心理学博士、从事特殊教育的老师。

1986年，43岁的我开始在意大利米兰市的一所业余学校，用业余时间学习汉语。刚认读汉字时，我觉得跟我刚入小学时学习母语生词的情景差不多，对每个汉字都模模糊糊，常常要通过上下文才猜得出来。我学了350个汉字以后，就开始读课外读物，并学习汉字的偏旁部首。我想说，读课外读物是提高语言水平的很有效果的好方法。

有一次，我在纽约的一家书店买了一些专门为外国学生学习汉语编写的故事书，其中一本是《没良心的丈夫》（选自《今古奇观》）。这本书只用了342个常用汉字，语言活泼，很有意思。当我看懂里面的字、词、句子时特别兴奋。只可惜这样的书太少了。后来，我订阅了专门为一两岁的中国小孩儿写的杂志《看图说话》、《娃娃画报》等，每天至少要拿出一刻钟来阅读它们。阅读中，我遇到了两个困难：（1）儿童词汇和对外汉语教学的词汇不同，而且生词没有英文翻译；（2）即使认识的字词，因为不懂语法，也搞不明白准确的意思。于是，我就向老师请教。这样，我渐渐地掌握了一些基本的语法知识，并且能用来造句了。一个学年结束后，我就能独自看课外读物了。

后来，在没有老师帮助的情况下，我有选择地看了一些专门为外国人学习汉语写的课外读物，方法如下：第一遍先看生词再看课文；看第二遍时，我边看边翻阅词典查其他生词、并且作记录；记住了所有的生词以后，接着看第三遍。

我还会有选择地去读一些中国的儿童文学。我一般是先浏览三四个段落，要是能看懂大概的意思，就选它，否则就再找别的。读儿童文学时，我第一遍只看大概的意思，遇到生词，就通过组成生词的汉字和上下文去猜测它的意思。第二遍我会查阅词典，并给自己列一个生词表。查阅词典后，我惊喜地发现，我的许多猜测是正确的。通过猜测后的生词（无论猜对或猜错的）我都记得特别牢。就这样，我记住了这些生词。第三遍只读不看生词表。由于第一遍和第三遍都不用查词典，所以在浴盆里、地铁上、排队时都能读，既方便，又有效率。

经过几个月的课外阅读，我逐渐可以通过分析汉字的组成部分辨认汉字了。这增强了我学习和记忆生词的能力。如果说那些汉字的组成部分已是我的“老朋友”，那么我看课外读物的过程就是不断通过“老朋友”结识“新朋友”的过程。现在，只有一小部分汉字，我第一眼就能认出来，大部分汉字我能通过语感和上下文猜出来。在没有别的办法的情况下，我常常通过分析汉字的组成部分辨认汉字。

我认为看课外读物至少有以下好处：(1) 能巩固学到的汉字和语法；(2) 能增强对汉语的语感；(3) 能增加汉语词汇量；(4) 能培养汉语的阅读兴趣，激发学习汉语的主观能动性，增强学会汉语的自信心，并逐步提高汉语水平。

我在汉语业余学校毕业后继续看汉语读物——大多是看自己订的中国期刊中的文章和小说。我逐渐减少了每个星期看书的次数，加长了每次看书的时间。有时候我只看一遍，只查最重要的词语。有时候看两遍：第一遍只看梗概，第二遍查词典。我现在很少看第三遍，因为我想挤出时间看更多的东西。但是，我认为上面提到的“三遍阅读法”仍是很重要的，尤其是当我开始看一种新的文体时，我要学会很多生词，我的“三遍阅读法”很有用。

我在汉语业余学校的很多同学毕业后没有继续看汉语读物，因而失去了汉语阅读能力，太可惜了。

我在汉语业余学校毕业不久，就认识了当时在米兰大学做访问学者的徐玉敏教授。她给我上了三年的汉语辅导课。我们成了好朋友。我告诉她，学习汉语的人很需要初、中等水平的汉语读物，但是很不容易找到。她记住了我的话，现在专门为初、中级汉语学习者编写了这本《美猴王》。

我认为《美猴王》很适合初、中级汉语水平的外国人阅读。我很羡慕你们，因为我开始看课外读物时找不到像这样有趣、这一水平的书。你们真的很幸运！

《美猴王》共分56章，每章篇幅不长，看完一章，你不会觉得累。全书以对话形式为主，其中大部分句子可以在日常生活中应用。每一章后边都有练习题，练习题可供课堂教学使用，也可供读者独自来做。练习题是为了引导读者理解和思考书中词语的含义和用法，或用来检查读者阅读时易于忽略的词句。书后提供了练习参考答案和词汇总表。

当你们开始读《美猴王》时，你们一定会被有趣的故事情节吸引。当你们读完以后，你们的汉语水平定会提高。因此，我很愿意把这本书推荐给正在学习汉语的朋友们。

Carolyn Shor Novick

2007年5月8日于瑞士

Foreword

When foreign students of Chinese language have mastered a vocabulary of common words of everyday use, they are likely to have a strong desire to enlarge their vocabulary. Our experience shows that reading is an excellent method of consolidating the Chinese characters that the student has already studied, enlarging his/her vocabulary and mastering the diverse types of sentence patterns.

With this in mind, we have compiled these reading materials. This text uses a story format to introduce foreign students at the advanced beginner's level to Monkey King from the stories of the famous Chinese book "Journey to the West".

One of the feature is the note for the words. It explains the meanings and provides the collocation, in order to help students better understand the story. At the end of each chapter, there are some exercises to help students do the self-evaluation. This book can be used as a textbook for advanced beginners of Chinese as well as serving as a reader for those desiring extra reading materials.

前　言

学习汉语的外国人当学会了一般的日常用语之后，就会产生进一步学习的要求，如迫切希望学习和掌握新的词汇，不断地扩大自己的汉语词汇量等。实践证明，阅读是巩固已经学过的汉字，扩大读者的词汇量和掌握各种句型的好方法。

基于以上原因，我们编写了这本阅读教材。本教材采用故事形式。为初、中级汉语学习者介绍中国名著《西游记》中孙悟空的故事。

词语注释是本书的一个特点，它既解释了词语又兼顾了词语的固定搭配，更加方便学生阅读，本书还配有课后练习题，帮助学生检测自己的学习情况。此书可以作为初、中级汉语学习者的阅读课教材，也可以作为课外读物。

编者

2007 年 5 月 18 日

注：本书得到中国人民大学科学研究基金项目资助（项目编号为 06XNA002）

目　录

一、开头

朋友，你们听说过《西游记》(Xīyóujì) 这部小说吗？

《西游记》是一部很有名的中国神话 (shénhuà) 小说。喜欢看小说的中国人差不多都看过这部书，就是没看过这部书的人，也听说过这部书的名字和这部书里的很多故事。

《西游记》是明代 (Míngdài) 小说家吴承恩(Wú Chéng'ēn) 的作品。书中写的是孙悟空 (Sūn Wùkōng)、猪八戒 (Zhū Bājiè)、沙僧 (Shā Sēng) 跟着唐僧 (Táng Sēng) 去西天取经的故事。

现在我们把这部书里一些有趣 (yǒuqù) 的故事献给 (xiàngěi) 你们，希望你们不久就能看懂《西游记》原著。

词语

西游记	Xīyóujì	a Ming dynasty novel, called *Journey to the West*
神话	shénhuà	myth, fairy tale
明代	Míngdài	Ming dynasty
吴承恩	Wú Chéng'ēn	the author of *Journey to the West*
孙悟空	Sūn Wùkōng	the Monkey King; "Wukong" means "Aware-of-Vacuity"
猪八戒	Zhū Bājiè	Pigsy
沙僧	Shā Sēng	the Buddhist monk Sha, also known as Sandy
唐僧	Táng Sēng	the Tang dynasty pilgrim monk Xuanzang
有趣	yǒuqù	interesting
献给	xiàngěi	dedicate to

练　习

（一）选择与划线的词语意思相近的解释

1. 你听说过《西游记》这部小说吗？
   A. 听了　　B. 说了
   C. 说过　　D. 听别人说过

2. 喜欢看小说的中国人差不多都看过这部书。
   A. 不多　　B. 差点儿
   C. 差得很少　　D. 几乎

（二）请根据课文内容选择恰当的答案

1. 关于《西游记》，文中没有介绍的是：
   A.《西游记》是一部很有名的小说。
   B.《西游记》是一部中国的小说。
   C.《西游记》是一部神话小说。
   D.《西游记》是一部爱情小说。

2. 下面哪一位不是《西游记》中的人物？
   A. 吴承恩　　B. 孙悟空
   C. 猪八戒　　D. 沙僧

（三）说一说

1. 你听说过《西游记》这部小说吗？
2. 你还知道哪些中国小说？

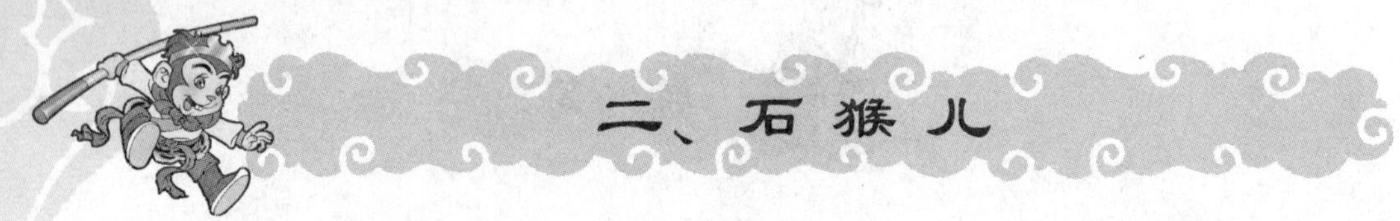

二、石猴儿

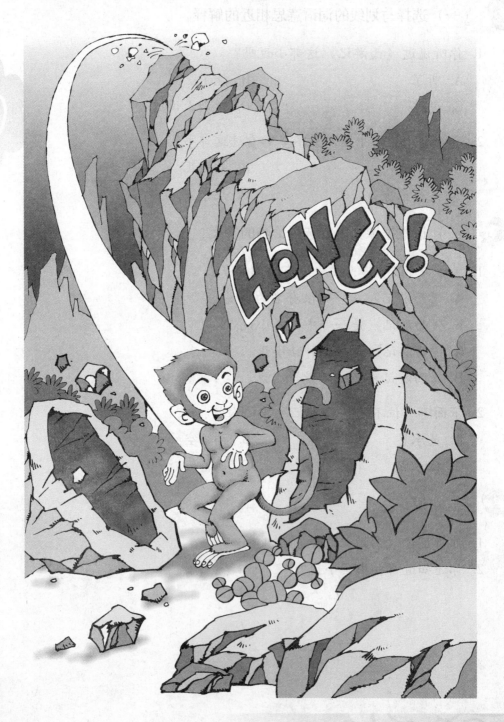

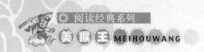

从前，在大海上有一座山，叫花果山。山顶（shāndǐng）上有一块很大的石头。有一天，这块石头忽然“轰隆”（hōnglōng）一声裂开（lièkai）了，从裂缝（lièfèng）中崩出来（bēng chūlai）一个石头球。石头球在空中打了一个转，落（luò）到地上，变成了一只石头猴子。过了一会儿，这只石头猴子活了，他跪（guì）在地上，朝着东、南、西、北方向拜（bài）了四拜，然后，跑下山去了。

花果山上有很多猴子。石猴儿和花果山上的猴子们在一块儿吃、一块儿玩，生活得很快乐。

一年夏天，天气热极了。石猴儿和大家在小河里洗澡，洗着洗着，一只猴子说：“喂！你们看呀，这条小河的水多干净啊！这水是从哪儿流过来的呢？”另一只猴子说：“咱们去找找，看看水是从哪儿流下来的，怎么样？”说着，猴子们你跟着我，我跟着你，往上游走去。他们一边（yìbiān）说，一边笑，走着走着听见前面“哗哗”的流水声。他们看见前面有一个很大的瀑布（pùbù）。瀑布的水真大，有十几丈（zhàng）高、两三丈宽。瀑布的旁边儿挂着一道美丽的彩虹（cǎihóng）。猴子们看到这么大的瀑布高兴极了。有一只猴子神秘（shénmì）地说：“这个瀑布这么大，这么宽，瀑布的后面是什么样子的呢？”另一只猴子说：“这样吧，要是谁敢（gǎn）进去看看，再从那边回来，咱们就拜他做大王！”听了这些话，大家你看看我，我看看你，谁也不敢过去。

这时候，有一只猴子跳出来，大声说：“我进去，我敢进去！”大家一看，原来是那只石猴儿。石猴儿说完，就跳起来，钻进（zuānjìn）了瀑布。猴子们站在那儿，一动不动地看着瀑布，担心地等待着石猴儿回来。

词 语

山顶	shāndǐng	mountain top
轰隆	hōnglōng	onomatopoeia; boom or bang
裂开	lièkai	to split open
裂缝	lièfèng	crack, fissure
崩出来	bēng chūlai	burst out
落	luò	to fall, to drop
跪	guì	to kneel down
一边……一边……	yìbiān……yìbiān……	Simultaneously; doing the action indicated by the first verb or verb phrase at the same time as doing the action indicated by the second verb or verb phrase; in this context: smiling while speaking
拜了四拜	bàile sì bài	bowed four times; bowed or prostrated oneself in obeisance four times
瀑布	pùbù	waterfall
丈	zhàng	unit of length equal to 3. 3 meters or ten Chinese feet
彩虹	cǎihóng	rainbow
神秘地	shénmìde	in a mysterious, secretive manner
敢	gǎn	to dare
钻进	zuānjìn	to make one's way into

（一）选择与划线的词语意思相近的解释

1. 石猴儿和花果山上的猴子们在<u>一块儿</u>吃、<u>一块儿</u>玩，生活得很快乐。

A. 一起……一起　　B. 一共……一共

C. 一边……一边　　D. 又……又

2. 猴子们站在那儿，<u>一动不动</u>地看着瀑布，担心地等待着石猴子回来。

A. 动了一下　　B. 不动了

C. 一点不动　　D. 动不了

（二）请根据课文内容选择恰当的答案

1. 关于“瀑布”，文中没有介绍的是：

A. 瀑布的高度和宽度　　B. 瀑布的后面

C. 瀑布的流水声　　D. 瀑布的美

2. 关于石猴儿，下面哪种说法是错误的？

A. 石猴儿是石头变成的。

B. 石猴儿生活在花果山里。

C. 石猴儿生活得很快乐。

D. 石猴儿的胆子小。

（三）说一说

1. 说一说石猴儿的来历。

2. 请你说说你见过的瀑布。

三、石猴儿当上了大王

石猴儿穿过瀑布，跳下来正好（zhènghǎo）落在一座桥（qiáo）上。他往里一看，里面没有水，再往前面看看，前面还有一个大石洞（dòng）。石猴儿回头看着这道瀑布，心想："多有趣的瀑布啊！水从上面流到桥下，就像（xiàng）大窗帘一样（yíyàng）把桥和洞全遮住（zhēzhù）了。"

石猴儿想看个明白，就往洞口走去。洞口的风景美极了，两边儿长着绿绿的小草，草地上开着许多美丽的花；还有很多高高的大树，树上长着好多果子。石猴儿一边走，一边看，一会儿就走进了石洞。洞里面更漂亮啦，有石头的桌子、石头的凳子、石头的碗儿、石头的盆儿，还有石头的床什么的，地方大极了。石猴儿看了好长时间才从洞里走出来。这时候他才注意（zhùyì）到，石洞的门口写着三个大字—— 水帘洞（Shuǐliándòng）。石猴儿回到桥上，又用力一跳，跳到了瀑布外面。

猴子们正着急呢，看见石猴儿回来了，马上跑过来问："里面是什么样子呢?""水多不多啊?"……

石猴儿笑着说："你们别着急，听我慢慢说。那里面没有水，有一座桥，过了桥有一个石洞，叫水帘洞。洞很大，洞里面还有石头床、石头桌子，是个景色（jǐngsè）很美的地方。"猴子们一听高兴极了："那咱们赶快过去看看吧！"

"好，你们跟我来！"石猴儿带着猴子们跳过瀑布，走过了桥，来到水帘洞里。猴子们一看，这儿可真是个好地方。还没等石猴儿说话，有的就去抢（qiǎng）碗儿，有的去抢盆儿，有的还抢床，闹了半天才安静下来。

这时候，石猴儿坐在一条大石凳上，对猴子们说："喂！你们刚才说过，谁有本事进来，就拜谁做大王。我现在进来又出去，出去又进来，给你们找了这么个好地方，你们还不快拜我做大王啊！"猴子们一听，"是呀，咱们得说话算数（shuōhuà suànshù）呀！好吧，我们就拜你当大王吧！"于是（yúshì），猴子们一个个跪在石猴儿周围（zhōuwéi），向石猴儿磕头（kētóu），拜石猴儿做了他们的大王。

词语

正好	zhènghǎo	to happen to; to chance to; as it happens
桥	qiáo	bridge
洞	dòng	cave
像……一样	xiàng…… yíyàng	to be just like or very similar to
遮住	zhēzhù	to hide, to block from view
注意	zhùyì	to notice
水帘洞	Shuǐliándòng	Cave of the Water Curtain
景色	jǐngsè	scenery, view
抢	qiǎng	to snatch, to seize
于是	yúshì	consequently; therefore
周围	zhōuwéi	around; vicinity, surroundings
说话算数	shuōhuà suànshù	to keep one's word
磕头	kētóu	to kowtow

练习

（一）选择与划线的词语意思相近的解释

1. 洞里面更漂亮了，有石头的桌子、石头的凳子、石头的碗儿、石头的盆儿，还有石头的床什么的，地方大极了。

   A. 用什么做的　　B. 什么人的

   C. 等等　　D. 什么地方的

2. 树上长着好多水果。

   A. 水果很好　　B. 水果很多

   C. 水果好吃　　D. 水果在树上

（二）请根据课文内容选择恰当的答案

1. 关于“水帘洞”，文中没有介绍的是：

   A. 水帘洞外面的风景。　　B. 水帘洞里面的东西。

   C. 水帘洞是个大石洞。　　D. “水帘洞”三个字有多大。

2. 下面哪一件事不是石猴儿做的？

   A. 石猴儿从瀑布那边儿回来了。

   B. 石猴儿找到了水帘洞。

   C. 石猴儿想当大王。

   D. 石猴儿向猴子们磕头。

（三）说一说

1. 石猴儿是怎么当上大王的？
2. 说一说水帘洞的样子，你喜欢住在这样的地方吗？为什么？

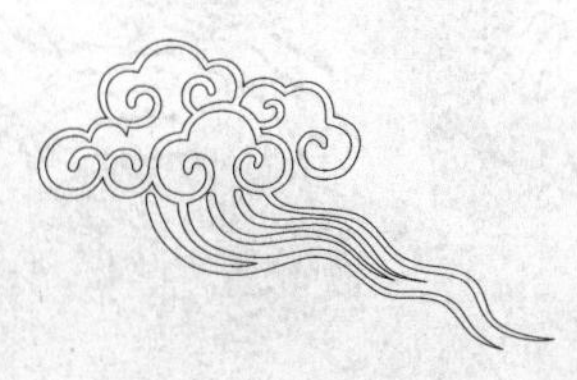

四、石猴儿去学本领

花果山里的猴子们找到了水帘洞，生活得更快乐了。他们在花果山水帘洞无忧无虑（wúyōu wúlǜ）地吃，无忧无虑地玩。可是，石猴儿除了玩以外，还常常想一些别的事情。

日子过得真快，石猴儿在花果山水帘洞住了好几年了。有一天，石猴儿坐在一块石头上低着头想事情。猴子们以为他不高兴了，都过来问："大王！我们在这儿生活得都很快乐，您为什么不高兴呢？"

"咱们在这儿过的日子是不错，但是，我不能光（guāng）在这儿吃和玩啊，得去学些本领（běnlǐng）才好。不然，以后遇上困难，我怎么保护（bǎohù）你们呢！我想去找一位师父学本领，你们觉得怎么样？"

猴子们谁都不愿意大王离开这儿，但是又觉得大王的话有道理（yǒu dàoli），只好（zhǐhǎo）含着眼泪（hánzhe yǎnlèi）送大王离开了花果山。

石猴儿走了很多的路，来到了一座仙山（xiānshān）上，拜了一位神仙（shénxiān）作师父。师父给他起了一个名字叫孙悟空。孙悟空很聪明（cōngming），跟着师父学了很多本领。

有一天，师父教徒弟（túdì）们学本领的时候，用一把尺子在孙悟空头上打了三下，然后倒背着手（dàobèizhe shǒu）关上门走了。孙悟空眨眨（zhǎzha）眼睛，很高兴。他明白了师父的意思。

到了三更（sāngēng）天的时候，孙悟空起了床，从后门来到师父睡觉的屋子，跪在师父床前。这时，师父还在睡觉呢。过了一会儿，师父醒（xǐng）了，看见孙悟空，就问："你不睡觉，到我这儿来干什么？"

"师父，您打我三下，是让（ràng）我三更天来找您，又倒背着手关上门，是让我从后门进来，不是吗？"

"你这猴子，还真聪明！我的意思你全懂了。现在我就教你七十二变（qīshí'èr biàn）和跟头云（gēntou yún）吧。"孙悟空学习很努力（nǔlì），很快就学会了七十二种变化和一个跟头能翻（fān）出去十万八千里（lǐ）的本领。

无忧无虑	wúyōu wúlǜ	without a care
光$_1$	guāng	merely, only
本领	běnlǐng	skills
保护	bǎohù	to protect
有道理	yǒu dàoli	to be right, to make sense
只好	zhǐhǎo	to be forced to, to have to
含	hán	to contain
含着眼泪	hánzhe yǎnlèi	with tears in one's eyes
仙山	xiānshān	mountain inhabited by immortals
神仙	shénxiān	immortal, celestial being
聪明	cōngming	intelligent
徒弟	túdi	disciple
倒背着手	dàobèizhe shǒu	with one's hands behind one's back
眨眨	zhǎzha	to blink (one's eyes)
三更	sāngēng	midnight; the third watch of the night, between 11 p. m. and 1 a. m.
醒	xǐng	to wake up
让$_1$	ràng	to let; to allow; to have (somebody do something)
七十二变	qīshí'èr biàn	the 72 metamorphoses
跟头云	gēntou yún	the clouds to somersault with
努力	nǔlì	diligently
翻(跟头)	fān (gēntou)	to turn a somersault
里	lǐ	li; the Chinese mile; unit of length equal to 0.5 kilometers

练　习

（一）选择与划线的词语意思相近的解释

1. 日子过得真快，石猴儿在花果山水帘洞住了好几年了。

A. 生活　　B. 时间
C. 日期　　D. 星期日

2. 我不能光在这儿吃和玩儿啊，得去学些本领才好。不然，以后遇上危险，我怎么保护你们呢？

A. 能　　B. 会
C. 想　　D. 应该

3. 猴子们只好含着眼泪送大王离开了花果山。

A. 好的　　B. 只能
C. 只有　　D. 只是

（二）请根据课文内容选择恰当的答案

1. 谁给石猴儿起了新的名字——孙悟空？

A. 猴子们　　B. 神仙
C. 徒弟们　　D. 师父

2. “师父用一把尺子在孙悟空头上打了三下儿，然后倒背着手关上门走了。”师父这样做的意思是：

A. 孙悟空学不会本领，师父气得打他。
B. 师父不喜欢孙悟空。
C. 师父不想见孙悟空，就走了。
D. 师父想让孙悟空三更天的时候从后门进去找他。

3. 师父觉得孙悟空怎么样？

A. 不听话　　B. 不爱睡觉
C. 喜欢玩儿　　D. 很聪明

（三）说一说

1. 石猴儿为什么要去学习本领?
2. 说一说孙悟空学了哪些本领?

五、孙悟空的宝贝金箍棒

孙悟空学会了七十二变和跟头云。他回到花果山以后，每天教猴子们练武艺（wǔyì）。猴子们更佩服（pèifú）他了。

一天，孙悟空觉得自己用的兵器（bīngqì）太轻了。他听说东海龙王那儿什么宝贝（bǎobèi）都有，就来到了东海龙宫的门口，进了龙王住的水晶宫（Shuǐjīnggōng）。水晶宫里东海龙王高高地坐在宝座（bǎozuò）上。孙悟空向东海龙王行了个礼。龙王问："你就是花果山的孙悟空吧，你来我这儿有什么事吗？"

"龙王，我想跟你借一件兵器。"

"噢，这么点儿小事，好说。来人，给孙悟空拿两件兵器来！"

龙王的士兵（shìbīng）们马上抬来了一把大刀。孙悟空一看就摇着头说："这把刀太轻，太轻了！"

龙王又让士兵们抬来几件很重的兵器，孙悟空都觉得轻。龙王只好带着孙悟空来到了他的海底宝库（bǎokù）里。一进宝库，孙悟空一眼就看到一根又粗（cū）又长的大铁柱（tiězhù）立在那里。大铁柱放着万道金光。孙悟空过去摸了摸（mō）说："这东西倒不错，就是太粗太长了一点儿，要是能细一点儿，短一点儿就好了！"孙悟空的话刚说完，那根铁柱子马上变细变短了很多。孙悟空又说："再细点儿，再短点儿！"铁柱子又变细变短了一些，变成了一根铁棍子。这根铁棍子的两头各有一道金箍（jīngū），金箍上还刻（kè）着一行字："如意（rúyì）金箍棒（jīngūbàng），重一万三千五百斤。"孙悟空又说："再变细点儿，再变短点儿！"金箍棒越变越细，越变越短，最后变得像一根绣花针（xiùhuāzhēn）那么小了。孙悟空拿起来往自己的耳朵眼儿（ěrduoyǎnr）里一放，正合适。过了一会儿，孙悟空又把绣花针那么小的金箍棒从耳朵眼儿里拿了出来，让它变粗变长。当变得粗细、长短正合适以后，孙悟空就拿着金箍棒耍（shuǎ）了起来，耍得整个儿水晶宫都晃动（huàngdòng）起来。

这下儿可把龙王吓坏（xiàhuài）了，站在那儿全身打哆嗦

(dǎ duōsuo)。

孙悟空耍了一阵之后说："龙王！老孙谢谢你啦！"说完，扛着金箍棒，出了水晶宫，回花果山水帘洞去了。

孙悟空走后，东海龙王才赶快派人去报告玉皇大帝（Yùhuáng Dàdì）。

词语

武艺	wǔyì	a skill in wushu; martial arts
佩服	pèifú	to admire
兵器	bīngqì	weapon
宝贝	bǎobèi	treasure
水晶宫	Shuǐjīnggōng	the Crystal Palace
宝座	bǎozuò	throne
士兵	shìbīng	rank-and-file soldiers; enlisted men
宝库	bǎokù	treasure house
粗	cū	thick
铁柱	tiězhù	iron pillar
摸	mō	to touch, to feel
金箍	jīngū	golden band, golden hoop
刻	kè	to carve or engrave
如意	rúyì	as one likes, as one wishes
金箍棒	jīngūbàng	golden cudgel
绣花针	xiùhuāzhēn	embroidery needle
耳朵眼儿	ěrduoyǎnr	earhole
耍	shuǎ	to play
晃动	huàngdòng	rock, sway, shake
吓坏	xiàhuài	to frighten, to be terrified
打哆嗦	dǎ duōsuo	to shiver
玉皇大帝	Yùhuáng Dàdì	the Jade Emperor

练　习

（一）选择与划线的词语意思相近的解释

1. 猴子们更佩服他了。

   A. 又　　　　B. 也

   C. 更加　　　D. 再

2. 孙悟空听说东海龙王那儿什么宝贝都有。

   A. 有什么宝贝　　　B. 有各种各样的宝贝

   C. 有一些宝贝　　　D. 有一件宝贝

3. “噢，这么点儿小事，好说。来人，给孙悟空拿两件兵器来！”

   A. 好好说　　　B. 说得好

   C. 没问题　　　D. 说了很多

（二）请根据课文内容选择恰当的答案

1. 关于“金箍棒”，下面的说法错误的是：

   A. 金箍棒的两头各有一道金箍。

   B. 金箍上刻着一行字。

   C. 金箍棒是金子做的。

   D. 金箍棒的重量是一万三千五百斤。

2. 关于金箍棒的特点，文中没有介绍的是：

   A. 金箍棒能变大也能变小。

   B. 金箍棒能变长也能变短。

   C. 金箍棒能变粗也能变细。

   D. 金箍棒能变重也能变轻。

3. 龙王站在那儿全身打哆嗦的原因是：

   A. 龙王不想借给孙悟空兵器了。

   B. 龙王的水晶宫晃动了，他很生气。

C. 龙王非常激动。

D. 龙王非常害怕。

（三）说一说

1. 孙悟空学了本领回到花果山以后怎么样？
2. 说一说奇怪的金箍棒，你能讲一个神话故事吗？

六、孙悟空上天了

玉皇大帝知道孙悟空从水晶宫拿走了金箍棒，马上派人把孙悟空叫到了天上。孙悟空来到玉皇大帝跟前，不下跪，也不磕头。玉皇大帝心里很不高兴，又怕他再做坏事，就让孙悟空留在天上，当了个养马（yǎngmǎ）的官儿（guānr）。

有一天，孙悟空和几个人一块儿喝酒。他想知道自己的官儿有多大，就问："你们知道我这个养马官儿是个多大的官儿吗？"

一个人说："不大！不大！"

"那到底有多大？快说！"

"告诉你吧，是个最小最小的官儿，小得像个芝麻粒儿（zhīma lìr）那么大！"

孙悟空一听就生气了："什么？原来是这样！我老孙不干了！"说着，孙悟空推翻了桌子，拿起金箍棒，跑出了南天门，回花果山去了。

花果山的猴子们正在水帘洞外练习武艺，看见大王回来了，都跑过来问："大王，天上怎么样？您在天上做什么官儿呀？"

"别说了！那玉皇大帝叫我做养马官儿，给他养马。我不干了！"

玉皇大帝听说孙悟空离开马房，回花果山去了，特别生气，想派人去抓孙悟空，但是又怕抓不住他，只好派人把孙悟空哄（hǒng）上天来，给他封（fēng）了个大官儿，叫"齐天大圣"（Qítiān Dàshèng）。这下儿孙悟空可高兴啦！他每天除了吃饭、睡觉，就是去各处玩玩，和神仙们交交朋友。

一天，玉皇大帝对孙悟空说："我有一个很大的桃园（táoyuán），你去看（kān）桃园吧！"

"叫我去看桃园，好！好！"

孙悟空来到桃园里，土地神介绍（jièshào）说："桃园里一共有三千六百棵桃树。前边的一千二百棵，三千年长一回桃子，吃了这种桃子能成仙；中间的一千二百棵，六千年才长一回桃子，吃了这种桃子，能长生不老（chángshēng bùlǎo）；后边的一千二百棵，九千年才长一回桃子，吃了这种桃子，就能像月亮、太阳一样永远（yǒngyuǎn）不死。”

孙悟空听完，高兴极了。从那天以后，他常常去桃园看看。有一天，他看见有的桃子已经成熟（chéngshú）了，就爬到桃树上，找最大最好的桃子吃起来。成熟了的桃子大大的、红红的、软软的，咬（yǎo）一口像蜜一样甜。孙悟空吃了很多桃子。从此以后，他天天来桃园吃仙桃儿。

词　语

养马	yǎngmǎ	horse-breeding
官儿	guānr	government official
芝麻粒儿	zhīma lìr	sesame seed
哄	hǒng	coax
封	fēng	confer (a title) upon
齐天大圣	Qítiān Dàshèng	the Great Sage Equal to Heaven
桃园	táoyuán	peach orchard
看	kān	to tend, to keep an eye on
介绍	jièshào	to introduce or present (a person or a topic)
长生不老	chángshēng bùlǎo	to be immortal, to have eternal youth
永远	yǒngyuǎn	never, forever
成熟	chéngshú	ripe
咬一口	yǎo yì kǒu	to take a bite

练 习

（一）选择与划线的词语意思相近的解释

1. 孙悟空来到玉皇大帝跟前，不下跪，也不磕头。

   A. 后面　　B. 身边

   C. 面前　　D. 不远的地方

2. 他想知道自己的官儿有多大。

   A. 几岁　　B. 几年

   C. 很大　　D. 大不大

3. 孙悟空一听就生气了："什么？原来是这样！我老孙不干了！"

   A. 以前是这样的　　B. 是原来的

   C. 现在明白了　　D. 现在不明白了

（二）请根据课文内容选择恰当的答案

1. "小得像个芝麻粒儿那么大！"这句话的意思是：

   A. 比芝麻粒儿大。　　B. 比芝麻粒儿小。

   C. 像芝麻一样多。　　D. 像芝麻一样小。

2. 关于桃园，土地神没有介绍什么？

   A. 桃树的数量　　B. 桃子的数量

   C. 吃桃子的好处　　D. 长桃子的时间

3. 桃园里的桃树分几种？

   A. 两种　　B. 三种

   C. 四种　　D. 五种

（三）说一说

1. 谁让孙悟空到天上去的，为什么？
2. 孙悟空喜欢看桃园吗？为什么？

七、孙悟空大闹仙桃会

一天，王母娘娘（Wángmǔ Niángniang）要在瑶池（Yáochí）举办一个仙桃会，请天上的神仙们来吃仙桃。王母娘娘派了七个仙女去桃园摘（zhāi）桃子。仙女们来到桃园，先在前边和中间的两片桃树上摘了五篮子（lánzi）桃子，然后来到了后边的那片桃树前。这儿的桃子比前面两片树上的桃子少多了，而且都是青的。她们哪儿知道，这片树上成熟的桃子全被（bèi）孙悟空偷吃了。

孙悟空天天来桃园吃桃子，刚才他又吃了很多桃子。吃饱以后，他把自己变成了一个二寸（cùn）高的小人儿，这会儿正躺在树枝（shùzhī）上睡大觉呢。仙女们想找一些大个儿的桃子，找来找去，看见前面的树枝上有一个很大的半红半青的桃子。一个仙女把树枝拉过来，轻轻地把桃子摘了下来，然后手一松（sōng），树枝就弹回去（tán huíqu）了。谁也没想到悟空就睡在这根树枝上，树枝一摇晃（yáohuàng），就把孙悟空晃醒了。

“你们是什么人？敢来偷仙桃？”孙悟空变成原来的样子，拿着金箍棒大叫。

仙女们吓得立刻跪在地上：“大圣，我们不是来偷桃的，我们是七仙女。王母娘娘要开仙桃会，是她老人家派我们来摘仙桃的。”

“是这样，王母娘娘都请了什么人哪？”

“请了西天的如来佛（Rúláifó），南海的观世音（Guānshìyīn），还有……”

“行了，行了，别说了。你们赶快告诉我，请我齐天大圣了没有？”

“没……没听说。”

“看来，我老孙只好亲自去打听打听了。”

说完，孙悟空用了个定身法，他朝着仙女们一指：“住！住！住！”七个仙女立刻被定在桃树下，不能动了。孙悟空翻起跟头云，向瑶池飞去。

半路上，孙悟空遇到了正要去参加仙桃会的赤脚（chìjiǎo）大仙，孙悟空把赤脚大仙骗到另外的地方去了。自己变成了赤脚大仙的样子继续向瑶池飞去。

孙悟空到瑶池的时候，客人们还没有到。孙悟空看到桌子上已经摆满了各种各样好吃的东西，有几个人正在往杯子里倒酒。孙悟空馋（chán）得直流口水。他想了想，又用了一个法术。他从身上拔下了几根毛放到嘴里嚼（jiáo）了嚼，然后吐到空中，说了声"变"，立刻变出了许多瞌睡虫（kēshuìchóng），这些瞌睡虫飞到那几个正在倒酒的人的脸上，不一会儿，那几个倒酒的人都靠着桌子睡着了。

这时候，孙悟空打开桌子上的酒瓶，大吃大喝起来。他一边吃，一边喝，一直到吃饱了，喝够（gòu）了，才想起："王母娘娘和她请的客人快要到了，我得赶快离开这里。"他擦了擦嘴，摇摇晃晃（yáoyáo huànghuàng）地离开了瑶池。

词　语

王母娘娘	Wángmǔ Niángniang	Queen Mother of the West
瑶池	Yáochí	Jade Lake, the abode of the immortals
摘	zhāi	to pick
篮子	lánzi	basket
被	bèi	by; goes in front of verb or verb phrase to indicate that the subject is acted upon; in this context: the ripe pears were eaten on the sly by the Monkey King
寸	cùn	Chinese inch; equal to 3. 3333 centi-meters
树枝	shùzhī	branch
松手	sōng shǒu	to let go, to loosen one's grip

弹回去	tán huíqu	to spring back
摇晃	yáohuàng	to sway, to rock
如来佛	Rúláifó	Tathagata Buddha
观世音	Guānshìyīn	Guanshiyin; the goddess of mercy
赤脚	chìjiǎo	barefoot
馋	chán	to be greedy, to be gluttonous
嚼	jiáo	to chew
瞌睡虫	kēshuìchóng	a legendary insect which caused people to doze off
摇摇晃晃	yáoyáo huànghuàng	in a wobbly or unsteady manner
够	gòu	to be enough

练 习

（一）选择与划线的词语意思相近的解释

1. 这儿的桃子比前面两片树上的桃子少多了，而且都是青的。
   A. 多了还是少了　　B. 多了
   C. 少了一点儿　　D. 少了很多

2. 她们哪儿知道，这片树上成熟的桃子全被孙悟空偷吃了。
   A. 她们知道在哪儿　　B. 她们不知道在哪儿
   C. 她们自己知道　　D. 她们不知道

3. 大圣，我们不是来偷桃的，我们是七仙女。王母娘娘要开仙桃会，是她老人家派我们来摘仙桃的。
   A. 第七个仙女　　B. 七个仙女
   C. 七个仙女中的一个　　D. 一个仙女

（二）请根据课文内容选择恰当的答案

1. 孙悟空向仙女们一指："住！住！住！"然后仙女们怎么样了？

   A. 她们离开桃园了。　B. 她们不说话了。

   C. 她们不想动了。　D. 她们不能动了。

2. 王母娘娘举办的仙桃会，没有请谁？

   A. 如来佛　B. 观世音

   C. 齐天大圣　D. 赤脚大仙

3. 孙悟空为什么离开瑶池？

   A. 因为他吃饱了。

   B. 因为他喝够了。

   C. 因为王母娘娘快要来了。

   D. 因为他要回桃园了。

（三）说一说

1. 孙悟空是怎么对待七仙女的？
2. 说一说孙悟空在瑶池做了些什么，他为什么这样做？

八、孙悟空偷吃金丹

孙悟空从瑶池出来，摇摇晃晃地向前走着，不知不觉（bùzhī bùjué）来到了太上老君（Tàishàng Lǎojūn）的家里。他想退出来（tuìchulai），又一想，已经来了，就顺便（shùnbiàn）进里边看看吧。

太上老君的家里一个人也没有。孙悟空在屋子里东走走，西看看，忽然发现了太上老君炼成（liànchéng）的金丹（jīndān）。孙悟空高兴极了，心里想："这东西可难得（nándé）呀！谁如果吃了它，就会永远不老、不死。我老孙真有运气！"他先尝了几粒，觉得很好吃，接着就一把一把地往嘴里放，一会儿，就把太上老君的金丹全都吃完了。孙悟空想休息一下儿，忽然想到："我做的事儿要是让（ràng）玉皇大帝知道了，就糟了。怎么办？我还是快点儿回花果山去吧！"

玉皇大帝很快就知道了孙悟空做的坏事，先派人把孙悟空抓（zhuā）回来，再叫来天兵天将（tiānbīng tiānjiàng）把孙悟空砍死（kǎn sǐ）。可是那些天兵天将不管（bùguǎn）是用刀砍，还是用斧子（fǔzi）砍，都砍不死他。玉皇大帝慌（huāng）了："这……这可怎么办？"

太上老君在旁边说："我有办法。这个猴子偷吃了我的金丹，我可以把他放到我的八卦炉（bāguàlú）里再炼成金丹。"玉皇大帝说："好！"就把孙悟空交给了太上老君。太上老君派人把孙悟空推进八卦炉里，"啪"的一声盖上炉盖儿，还让烧（shāo）火的仙童使劲煽火（shān huǒ）。

大火烧了一天又一天，一共烧了七七四十九天。开炉的这天，太上老君想："现在猴子一定化成（huàchéng）水了。"他亲自去开炉盖儿，刚掀开（xiānkāi）一点儿，就看见孙悟空不但（búdàn）没有被大火烧死，而且（érqiě）正用手捂（wǔ）着眼睛，在通风口（tōngfēngkǒu）站着呢。太上老君想再盖上炉盖儿，可是来不及了。

孙悟空听见炉盖儿响，看见一道亮光，就使劲一跳，顶开（dǐngkāi）了八卦炉盖儿，跳了出来。那些烧火的仙童都吓坏了。太上老君想抓他，被孙悟空推了个跟头。孙悟空举着金箍棒一边打，一边往外跑。

词语

不知不觉	bùzhī bùjué	unconsciously, without being conscious of the fact
太上老君	Tàishàng Lǎojūn	the religious title of Laozi
退出来	tuìchulai	to withdraw
顺便	shùnbiàn	in passing, while at it
炼成	liànchéng	concocted, prepared (a medicine)
金丹	jīndān	elixir or pill of immortality
难得	nándé	hard to come by, rare
让$_2$	ràng	like “被”, passive voice
抓	zhuā	to seize
天兵天将	tiānbīng tiānjiàng	invincible army, heavenly soldiers and generals
不管	bùguǎn	regardless of
砍死	kǎn sǐ	to hack to death, to kill
斧子	fǔzi	hatchet, axe
慌	huāng	to become flustered or panicked
八卦炉	bāguàlú	crucible of the eight trigrams
烧	shāo	to burn
煽火	shān huǒ	to fan the flames, to fan the fire
化成$_1$	huàchéng	to melt down
掀开	xiānkāi	to open, to take off (a cover)

不但……而且……	búdàn……érqiě……	not only…but also
捂	wǔ	to cover (with one's hand)
通风口	tōngfēngkǒu	air vent
顶开	dǐngkāi	to push up, to push from below

练　习

（一）选择与划线的词语意思相近的解释

1. 太上老君的家里一个人也没有。

A. 有一个人　　B. 没有人

C. 少了一个人　　D. 人很少

2. 孙悟空在屋子里东走走，西看看。

A. 向东面走，向西面看

B. 从东面走过来，往西看

C. 从东面到西面走了很远

D. 这里走走，那里看看

3. 太上老君想再盖上炉盖儿，可是来不及了。

A. 时间不够　　B. 时间不对

C. 时间不长　　D. 时间太久

（二）请根据课文内容选择恰当的答案

1. 玉皇大帝为什么要把孙悟空交给太上老君？

A. 因为孙悟空太聪明。

B. 因为天兵天将不管。

C. 因为玉皇大帝喜欢太上老君。

D. 因为他们想把孙悟空炼成金丹。

2. 孙悟空在八卦炉里被大火烧了多少天？

A. 一天又一天　　B. 七天

C. 七十七天　　D. 四十九天

3. 孙悟空在八卦炉里怎么样了？

A. 死了　　B. 化成水了

C. 没死　　D. 变成金丹了

（三）说一说

1. 孙悟空是怎样偷吃金丹的？
2. 太上老君把孙悟空怎么样了，他为什么这样做？

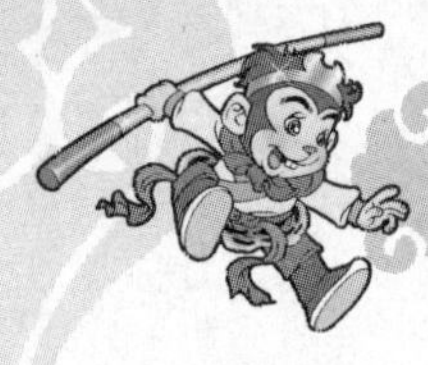

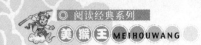

九、孙悟空被压在五行山下

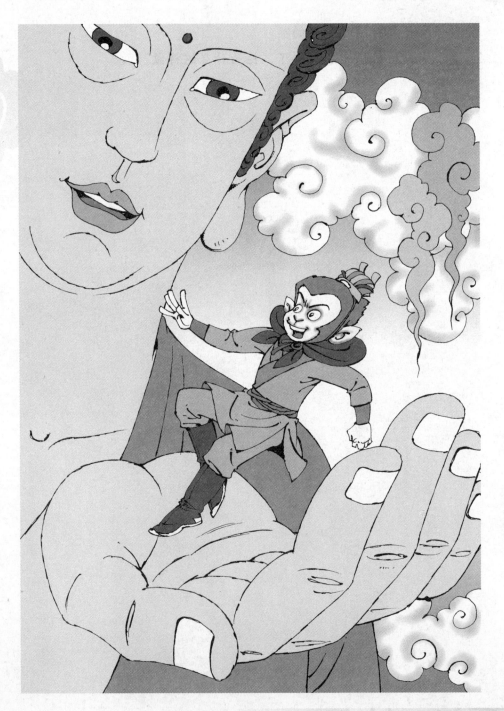

孙悟空从八卦炉里跳出来的事很快被玉皇大帝知道了。玉皇大帝马上派人请来了最有办法的如来佛。如来佛到的时候，看见孙悟空正在跟天兵天将们一边打一边往外跑。如来佛用手一指说："别打了，都放下兵器！"听到如来佛的声音，天兵天将们立刻停了下来。孙悟空一愣（lèng），他不知道来的人是谁。

如来佛又说："孙悟空，你过来！"

孙悟空生气地问："你是哪儿来的人，敢这样对我说话！"

"我是从西方来的释迦牟尼（Shìjiāmóuní）。你为什么在这儿闹？"

"皇帝轮流（lúnliú）做。今年该我做，我想当玉皇大帝！"

"当玉皇大帝得有本事，你有什么本事？"

"我的本事多着呢！我会七十二种变化，还会跟头云，一个跟头能翻十万八千里。"

"好，我和你打个赌（dǔ），你要是一个跟头能翻出我的手心，就算你赢（yíng），我就让你当玉皇大帝。"

孙悟空心想，这太容易了："你说的话是真的吗？"

"当然是真的啦！"如来佛一边说一边打开了他的右手。

孙悟空跳到如来佛的手心上，用力一翻，大喊（hǎn）了一声："我出去了！"就飞快地向很远很远的地方飞去。

他飞了很长时间，忽然看见前边有五根肉红色的柱子，心想："这儿一定是天边了，这玉皇大帝我是当定了！"他刚想往回走，又一想："我得留下一些记号，才好跟如来佛去说。"于是，他拔（bá）下一根身上的毛，吹了一口气，说了一声"变"，马上变出了一支很大的毛笔。他用这支笔在中间的柱子上写了一行大字："齐天大圣，到此一游。"写完了，他又在第一根柱子下撒（sā）了一泡（pāo）尿（niào），然后翻起跟头，往回飞。

孙悟空一回到如来佛面前就对着如来佛大喊："喂，我已经回来了！现在你得让我当玉皇大帝了吧！"

如来佛看着站在手心里的悟空说："你根本没有跳出我的手心，你怎么能当玉皇大帝呢？"

"你知道吗，我已经到了天边儿，我还在那儿留了记号，你敢和我一起去看看吗？"

"不用去，你自己低头看看吧！"

孙悟空低头一看，在如来佛右手的中指上面写着"齐天大圣，到此一游。"他还在第一个手指那儿闻到一些尿的臊气（sāoqì）呢。悟空大吃一惊（dà chī yì jīng）："这是怎么回事？为什么会（huì）这样？我把字写在天边儿的柱子上了，怎么会在他的手指上呢？我不相信（xiāngxìn），我要再去一次！"

孙悟空刚要从如来佛的手心里跳出去，如来佛的手掌一翻，五个手指变出了五座连在一起的山，叫"五行山"，把孙悟空压住（yāzhù）。这时候孙悟空的头、胳膊（gēbo）还露在外面，身体出不来了。如来佛怕悟空逃走，又从袖子（xiùzi）里抽出了一张帖子（tiězi），让人贴在山顶的一块石头上。

愣	lèng	to be taken aback, to be dumbfounded
释迦牟尼	Shìjiāmóuní	Sakyamuni, the founder of Buddhism (565 B. C. — 486 B. C.)
轮流	lúnliú	to take turns (doing something)
打赌	dǎdǔ	to make a bet, to wager
赢	yíng	to win
喊	hǎn	to shout
拔	bá	to pull out
泡	pāo	measure word for excrements, urine
撒尿	sāniào	to urinate, to pee

臊气	sāoqì	smell of urine
大吃一惊	dà chī yì jīng	to be greatly surprised
会	huì	can, to be possible
相信	xiāngxìn	to believe
压住	yāzhù	to press down
胳膊	gēbo	arm(s)
袖子	xiùzi	sleeve(s)
帖子	tiězi	note, card, sign

练　习

（一）选择与划线的词语意思相近的解释

1. 玉皇大帝<u>马上</u>派人请来了最有办法的如来佛。

   A. 立刻　　B. 赶紧

   C. 立即　　D. 以上三个都对

2. 当玉皇大帝得有<u>本事</u>，你有什么<u>本事</u>？

   A. 这件事　　B. 本领

   C. 原来的事　　D. 什么事

3. 我得留下一些记号，才<u>好</u>跟如来佛去说。

   A. 好好地　　B. 很好的

   C. 便于　　D. 友好地

（二）请根据课文内容选择恰当的答案

1. 孙悟空看见的五根肉红色的柱子实际上是什么？

   A. 天边儿的柱子　　B. 红色的柱子

   C. 五根柱子　　D. 如来佛的手指

2. 孙悟空在天边儿留了几个记号？

   A. 一个　　B. 两个

   C. 三个　　D. 四个

3. 最后如来佛把孙悟空怎么样了？

A. 如来佛让孙悟空站在他的手心里。

B. 如来佛让孙悟空站在他的手掌下面。

C. 如来佛把孙悟空压在手掌下面。

D. 如来佛把孙悟空压在五行山下。

（三）说一说

1. 如来佛和孙悟空打了个什么赌？谁赢了，谁输了？
2. 你知道释迦牟尼吗？请你介绍一下释迦牟尼？

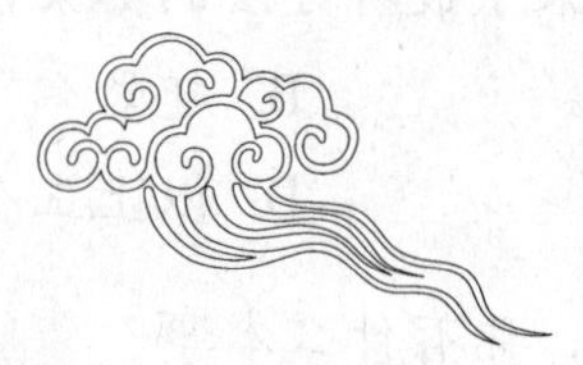

十、孙悟空当了唐僧的徒弟

时间一年一年地过去了，孙悟空被如来佛压在五行山下，已经五百年了。

这一天，唐朝（Tángcháo）派往西天去取经的唐僧骑着马来到五行山附近（fùjìn），忽然听见山下有人大声喊："我师父来啦！我师父来啦！"唐僧走过去一看，大山下压着一只猴子。那猴子对唐僧说："师父，您怎么才来？快救（jiù）我出来吧，我愿意当您的徒弟，能保护您去西天取经。"

唐僧听了很高兴："你愿意当我的徒弟，很好，可是，我怎么才能救你出来呢？"

"山顶上有如来佛的帖子，您上去把帖子拿下来，我自己就能出来了。"唐僧爬到了山顶，那里果然（guǒrán）有一张帖子。他跪下拜了几拜，刚想去拿，忽然，一阵风把帖子吹走（chuīzǒu）了。唐僧对那猴子说："帖子被风吹走了，你出来吧！"

猴子高兴地说："师父，我要出来了。请您走远一点儿，别吓着您。"

唐僧走了五六里远，停了下来。可那猴子又喊："再走远点儿！再走远点儿！"唐僧又往远处走，这时那座山发出了一阵很大的响声，唐僧回头一看，那猴子已经跪在自己的面前："师父，我出来了。"

"徒弟啊，你姓什么？叫什么？"

"我姓孙，叫孙悟空。"

唐僧很高兴，又给悟空起了个新的名字，叫孙行者（xíngzhě）。悟空听了说："好！好！好！"就这样孙悟空成了唐僧的徒弟，保护着唐僧去西天取经。

有一天，唐僧和孙悟空正向西走着，忽然一只老虎大叫着向他们跑过来，唐僧十分害怕（shífēn hàipà）。悟空高兴地说："师父，不要怕，这只老虎是特意（tèyì）给我送衣服来的。"悟空从耳朵里拿出金箍棒，动了动，金箍棒马上变得又粗又长。"宝贝呀，五百多年没有用你啦，今天我就拿你来挣（zhèng）件衣服吧！"说完，他举起金箍棒朝着老虎大喊：“哪里去！”那只老虎趴（pā）在地上，一动也不敢动。悟空一棒把老虎打死，然后把虎皮穿在身上作裙子（qúnzi）。

唐僧问：“悟空，刚才那只虎看见你怎么不动了呢？”

“师父，别说是一只虎，就是（jiùshì）一条龙（lóng），看见我也（yě）不敢无礼（wúlǐ）。”

“那你刚才打虎的铁棒，哪儿去了呢？”

“师父，您不知道，我这棒原来是东海龙宫里的宝贝，叫如意金箍棒。我想让它大，它就大；我想让它小，它就小。刚才我把它变成像绣花针一样，放在耳朵里了。”

唐僧听了，特别高兴。师徒二人一边说一边往西走去。

词语

唐朝	Tángcháo	Tang dynasty
附近	fùjìn	nearby
救	jiù	to rescue
果然	guǒrán	as expected
吹走	chuīzǒu	blow away
行者	xíngzhě	itinerant monk
害怕	hàipà	to be mortally afraid
特意	tèyì	especially
挣	zhèng	to earn for
裙子	qúnzi	skirt
趴	pā	to lie down (on its stomach)
就是……，也……	jiùshì……，yě……	even…can…
龙	lóng	dragon
无礼	wúlǐ	impolite, rude

练　习

（一）选择与划线的词语意思相近的解释

1. 唐僧十分害怕。

A. 很　　B. 非常

C. 特别　　D. 以上三个都对

2. 悟空，刚才那只虎看见你怎么不动了呢？

A. 才　　B. 马上

C. 不久以前　　D. 很久以前

3. 别说是一只虎，就是一条龙，看见我也不敢无礼。

A. 不要说　　B. 请您不要说

C. 不想说　　D. 别提了

（二）请根据课文内容选择恰当的答案

1. “师父，您怎么才来？”这句话的意思是：

A. 师父，您是怎么来的？

B. 师父，您为什么来？

C. 师父，您为什么一个人来？

D. 师父，您怎么来得这么晚？

2. 孙悟空请唐僧怎么救他？

A. 让唐僧收他作徒弟。

B. 让唐僧先走远一点。

C. 把他从五行山里拉出来。

D. 把帖子拿下山。

3. 孙悟空看见老虎来了，为什么很高兴？

A. 他很久没看见老虎了。

B. 他很久没用自己心爱的金箍棒了。

C. 他想用老虎皮给自己做件衣服。

D. 因为他看到唐僧很怕老虎，觉得很有意思。

（三）说一说

1. 孙悟空是怎样从五行山下出来的？
2. 说一说孙悟空的虎皮裙子是怎么来的？

十一、孙悟空离开了唐僧

这一天，唐僧和孙悟空向西走着，孙悟空走在前面，唐僧骑着马跟在后面。当他们走到一座山前的时候，忽然从路边走出来六个人，挡住（dǎngzhù）了他们的去路。

“和尚（héshang），你们上哪儿去？快把你们的行李和马留下，要不，就让你们死在这儿！”这些人拿着刀剑（jiàn）大声喊着。

唐僧吓得从马上掉了下来。悟空扶起（fúqǐ）唐僧说：“师父别怕，他们是来给我们送衣服送钱的。”

“悟空你听错了，他们是强盗（qiángdào），怎么会给我们送东西呢？”

“师父，你看好咱们的行李和马，我老孙跟他们去打一场。”

“他们六个人个子都那么高，你这么小小的个子，怎么能跟他们去打呢？”

悟空好像没有听见师父的话，走过去说：“你们为什么不让我们过去？”

一个强盗回答：“我们是这座山的大王。你们把东西留下，我们就让你们过去；要是你们敢说半个‘不’字，我们就叫你们死在这里！”

“你们是这山的大王？我老孙怎么不认识你们。”

“现在就让你认识认识！”说着，那六个强盗就用刀剑朝悟空乱砍起来。“乒乒乓乓（pīngpīngpāngpāng）”砍了七八十下，悟空站在那儿，一点儿事也没有。

一个强盗说：“这个和尚的头太硬了！怎么办呢？”

悟空看他们打累了，就说：“现在我老孙要拿出针来耍耍了。”

“这个和尚是一个会针灸（zhēnjiǔ）的医生，我们又没有病，他为什么要用针呢？”

悟空从耳朵里拿出那根绣花针，动了动，绣花针马上变成了金箍棒。他大声说：“也让老孙来打你们一下试试！”

那六个强盗吓得四处逃跑（táopǎo），可是都被悟空抓住打死了。

“师父，咱们走吧，那六个强盗已经被我打死了。”

唐僧听了，不高兴地说：“你把他们吓跑就行了，为什么要打死他们呢？”

“师父，我要是不打死他们，他们就会打死您。”

“要是我死了，只是一个人，可是你打死了六个人……”

悟空听师父没完没了（méiwán méiliǎo）地说，生气了：“师父，您要是觉得我不好，我回去就是了（jiùshì le）！

还没等唐僧回答，悟空就说了一声：“老孙我走了！”翻起跟头云就飞走了。

唐僧抬头看时，悟空已经飞得很远很远了。唐僧叹了一口气（tànle yì kǒu qì）：“这猴子，这么不听话（bù tīnghuà）。我刚说了他几句，他就走了。哎！也许是我不该有这个徒弟吧！现在想叫他回来，又不知道他去哪儿了。”

唐僧只好自己整理好行李，一个人向西走去。

词　语

挡住	dǎngzhù	to block (somebody's way)
和尚	héshang	Buddhist monk
剑	jiàn	sword, dagger
扶起	fúqǐ	to help a person up
强盗	qiángdào	robber
乒乒乓乓	pīngpīngpāngpāng	(onomatopoeia) banging cracking or popping noise
针灸	zhēnjiǔ	acupuncture and moxibustion
逃跑	táopǎo	to run away

没完没了	méiwán méiliǎo	endless, incessant
就是了	jiùshì le	That's all
叹一口气	tàn yì kǒu qì	to heave a sigh
不听话	bù tīnghuà	to be disobedient

练习

（一）选择与划线的词语意思相近的解释

1. 忽然从路边走出来六个人，挡住了他们的<u>去路</u>。

   A. 一条路　　B. 往前走的路

   C. 来路　　D. 过去走的路

2. 快把你们的行李和马留下，<u>要不</u>，就让你们死在这儿。

   A. 不要　　B. 或者

   C. 要不要　　D. 不然

3. 我们就<u>叫</u>你们死在这里。

   A. 大声喊　　B. 被

   C. 让　　D. 把

（二）请根据课文内容选择恰当的答案

1. 唐僧和孙悟空遇见了六个什么人？

   A. 路边的人　　B. 来认识孙悟空的人

   C. 抢东西的坏人　　D. 来送衣服和钱的山大王

2. 孙悟空为什么要打死六个强盗？

   A. 因为他们跟孙悟空要钱和东西。

   B. 因为他们先砍了孙悟空七八十下。

   C. 因为他们不让孙悟空和唐僧往前走。

   D. 因为孙悟空担心他们会打死唐僧。

3. 孙悟空为什么离开了唐僧?

A. 因为孙悟空不小心打死了六个强盗。

B. 因为唐僧同意他回去了。

C. 因为唐僧生气，不要他作徒弟了。

D. 因为孙悟空生唐僧的气了。

（三）说一说

1. 唐僧他们遇见了什么人，这些人想要做什么?

2. 说一说孙悟空离开唐僧时，唐僧是怎么想的?

十二、孙悟空去水晶宫看龙王

唐僧把行李放到马上，自己牵（qiān）着马慢慢儿地向西走着。走了一会儿，看见山路前面来了一位老妈妈。老妈妈手里捧（pěng）着一件棉衣，棉衣上还放着一顶花帽子。唐僧看她走过来，马上停下，站在路的右边儿，想让老妈妈先过去。老妈妈走到唐僧面前却停了下来，问："你是从哪儿来的，为什么一个人在这大山里走？"

"我是唐王派到西天去取经的。"

"从这儿去西天有十万八千里路。你一个人，没有一个朋友，也没有一个徒弟，这怎么行呢？"

"我几天以前收了一个徒弟。他性情（xìngqíng）很野（yě）。刚才我说了他几句，他不爱听，就离开了我。现在也不知道他去哪儿了。"

"啊？你有徒弟，那我把这衣服和帽子送给你的徒弟吧！"

"谢谢！我的徒弟已经走了，我要这衣服和帽子也没有用了！"

"他往哪儿走了？"

"我看他往东去了。"

"我的家也在东边儿，一会儿我追（zhuī）上他，叫他回来。你让他把这衣服穿上，把这帽子戴（dài）上。我还有一篇紧箍咒（Jǐngūzhòu）也告诉你。以后，你的徒弟不听话的时候，你一念紧箍咒，他就会头疼，再也不敢像今天这样离开你了。"老妈妈说完，变成一道金光，往东去了。

唐僧这时候才认出（rènchū）她是观世音菩萨（púsà），马上朝东拜了几拜，然后把衣服和帽子放在包里，坐在路边儿，背（bèi）起紧箍咒来。

孙悟空离开了师父，一个跟头云就到了东海，来到了东海龙王的水晶宫。龙王知道后马上出来迎接（yíngjiē）。龙王说："听说你从五行山下出来了，这是一件高兴的事。现在你是要回花果山去吧？"

“我是很想回去，但是，现在我当了和尚了。”

“什么？你当和尚了？”

“我当了唐僧的徒弟，还要和他一块儿去西天取经。我的名字也叫孙行者啦！”

“是这样，那你为什么不去西天，却来东海呢？”

行者笑着说：“那是因为唐僧不识好人和坏人！我们遇到了几个强盗，我把他们打死了，唐僧就没完没了地说我不对。我一生气就离开了他。我想在回花果山之前，先来看看你，还想要一杯茶喝。”

龙王马上让他的孩子捧着香茶献给悟空。喝茶的时候，悟空看见墙上挂着的一张画儿，就问：“这张画儿是什么意思啊？”

龙王指着“圯桥（Yíqiáo）三进履（lǚ）”的画儿介绍说：“这位白胡子老人叫黄石公（Huáng Shígōng）。这个少年是汉朝（Hàncháo）时的张良（Zhāng Liáng）。石公坐在石桥上，他的一只鞋掉到桥下去了。张良看到了，马上跑下去，把鞋拿上来，跪着给石公穿好。过了一会儿，石公又故意（gùyì）把他的鞋扔到桥下去，让张良再去拿鞋。张良又跑下去拿，像上次一样跪着给石公穿上。石公让张良去桥下拿了三次鞋，张良一点儿也没生气，每次都很耐心（nàixīn）。石公很喜欢张良，就在一天夜里送给张良一本书。张良读了这本书，后来成了一位很有名的人。”

悟空听了龙王的介绍，半天没有说话。

龙王又说：“大圣，你好好想想吧！”

悟空说：“不用多说了，我马上回去找师父！”

龙王听了很高兴：“好，好，你快去找你的师父吧！”

悟空告别了龙王，离开了水晶宫，找师父去了。

词 语

牵	qiān	to lead along, holding by the hand or by the halter
捧	pěng	to hold with two hands
性情	xìngqíng	temperament, disposition
野	yě	wild, crude, uncivilized
追上	zhuīshang	to catch up with
戴	dài	to wear, to put on
紧箍咒	Jǐngūzhòu	Hoop-tightening Incantation (which restrained the Monkey King in the novel *Journey to the West*)
认出	rènchū	to recognize, to identify
菩萨	púsà	(in Buddhism) Bodhisattva
背	bèi	to recite from memory
迎接	yíngjiē	to greet
圯桥	Yíqiáo	stone bridge
履	lǚ	shoe
圯桥进履	Yíqiáo jìn lǚ	retrieving the shoe from beneath the stone bridge (This is the name of a painting by Li Wenwei of the Yuan dynasty)
黄石公	Huáng Shígōng	personal name
汉朝	Hàncháo	the Han dynasty
张良	Zhāng Liáng	personal name
故意	gùyì	on purpose
耐心	nàixīn	patient

（一）选择与划线的词语意思相近的解释

1. 我几天以前收了一个徒弟。

   A. 收到　　B. 收下

   C. 收取　　D. 认识

2. 刚才我说了他几句，他不爱听，就离开了我。

   A. 跟他聊了几句　　B. 说服了他

   C. 说了他几句好话　　D. 说了几句他做得不对的话

3. 行者笑着说："那是因为唐僧不识好人和坏人！"

   A. 看不见　　B. 记不住

   C. 不认识　　D. 看不出来

（二）请根据课文内容选择恰当的答案

1. 课文中的老妈妈是谁？

   A. 东海龙王　　B. 山中的一位老妈妈

   C. 强盗的老母亲　　D. 观世音菩萨

2. 下面哪一个不是观世音菩萨给唐僧的？

   A. 一张画儿　　B. 一件棉衣

   C. 一顶花帽子　　D. 一篇紧箍咒

3. 孙悟空为什么又回来找师父呢？

   A. 因为孙悟空想他的师父了。

   B. 因为孙悟空知道唐僧有紧箍咒了，有点怕他。

   C. 因为孙悟空已经不生气了。

   D. 因为孙悟空明白了龙王讲的"圯桥进三履"故事的意思。

（三）说一说

1. 观音菩萨为什么来看唐僧？
2. 说一说孙悟空为什么去看龙王，龙王给孙悟空介绍了什么？

十三、孙悟空戴上了金箍

孙悟空回来的路上，遇见了观世音菩萨。菩萨说："悟空，你怎么不受教诲（jiàohuì）？不去保护唐僧，来这儿做什么？"

孙悟空马上给菩萨行了个礼说："我现在就去保护师父。"

一会儿的工夫孙悟空就回到了唐僧的身边。

"师父，我回来了！"

唐僧说："刚才你去哪儿了？也不告诉我你什么时候回来！我想走不能走，只好坐在这儿等着你。"

"师父，我到东海龙王那儿喝茶去了。"

"徒弟啊，出家人（chūjiārén）不能说谎（shuōhuǎng）。你离开我这么一会儿，怎么就说到东海龙王家里去了呢？"

悟空笑着说："我会翻跟头云啊，一个跟头，就是十万八千里，所以很快就到了那儿，也很快就回来了。"

"刚才我说了你几句，你就走了。像你这样有本事的，能要到茶喝；像我这样的，只能在这儿饿（è）着！"

"师父，如果您饿了，我马上去给您找些吃的来。"

"不用了，我那个包里还有些吃的，你帮我拿过来，等我吃完了，咱们就走。"

悟空打开包，包里有几个烧饼（shāobing），还有一件衣服、一顶嵌金（qiànjīn）花帽。悟空把烧饼拿给唐僧，问："这衣服和帽子是您从家里带来的吗？"

"是我小时候穿戴的。"唐僧一边吃烧饼一边回答。

"好师父，送给我吧！"

"送你是可以，但是不知道大小是不是合适。要是你穿戴着合适，就送给你吧！"

悟空穿上了棉衣，这棉衣就好像按着他的身体做的一样。他又戴上了帽子，也很合适。唐僧看悟空戴上了帽子，马上小声地念了一遍紧箍咒。

悟空大叫起来："头疼（tóuténg）！我的头疼！"

唐僧又念了几遍。悟空头疼得在地上打滚儿（dǎgǔnr），把头上的花帽子都抓破（pò）了。唐僧怕他把帽子上的金箍弄（nòng）断了，就不念了。悟空的头马上就不疼了。悟空摸摸头，好像有一条金线紧紧地（jǐnjǐn de）勒（lēi）在上面，拿不下来，也弄不断。悟空从耳朵里拿出“针”来，变粗变长了一点儿，插进（chājìn）箍里，往外撬（qiào）。唐僧怕他撬断金箍，又念起了紧箍咒。悟空的头又像刚才一样疼了起来，疼得他又打滚儿又翻跟头。唐僧看他疼得太厉害了，才停下来不念了。悟空的头马上又不疼了。

“我头疼，原来是因为师父咒（zhòu）我啊！”悟空奇怪地问。

唐僧说：“我念的是《金箍经》，哪儿咒你了？”

“那么，您再念念看。”

唐僧真的又念了一遍。悟空又疼得大叫起来：“别念了！别念了！你一念我就疼，这是怎么回事？”

唐僧说：“以后你听我的教诲了吧？”

悟空说：“我听您的教诲。”

“以后你还敢对我无礼（lǐ）吗？”

“不敢了！”

悟空虽然嘴上答应，可是心里不是这样想的。他又动了动手里的金箍棒，变得更粗更长，举起来朝着唐僧打了过去，吓得唐僧又念起了紧箍咒。

悟空疼得倒在地上，金箍棒也从手里掉到了地上。他大叫：“师父！我懂了！别念了！别再念了！”

唐僧停下来说：“你怎么还敢打我？”

“师父，我不敢了，可是这法儿是谁教您的？”

“是一个老妈妈教我的。”

孙悟空非常生气地说：“不用说了，一定是观世音，她为什么要这样害我？我要去打她！”

“这个办法是她教给我的，她一定比我先知道，要是你去找她，她念起紧箍咒来，你不就死了吗？”

悟空只好跪下说：“师父，您说的有道理！这是她让您管住（guǎnzhù）我的办法，以后您别再念了，我愿意保护您去西天。”

唐僧说：“既然如此（jìrán rúcǐ），就扶（fú）我上马吧！”

悟空把师父扶到马上，整理好行李。二人又一块儿向西走去。

词　语

教诲	jiàohuì	instruction; admonition
出家人	chūjiārén	Buddhist or Taoist monk or nun
说谎	shuōhuǎng	to tell lies
饿	è	hungry
烧饼	shāobing	sesame seed cake
嵌金	qiànjīn	gold inlay
头疼	tóuténg	to have a headache
打滚儿	dǎgǔnr	to roll around
破	pò	broken, damaged
弄	nòng	to do, to play (tricks)
紧紧地	jǐnjǐn de	tightly, closely
勒	lēi	to tie or strap something tight
插进	chājìn	to insert
撬	qiào	to pry open
咒	zhòu	to curse
礼	lǐ	polite, to be polite (无礼 wúlǐ rude, impolite, impudent)
管住	guǎnzhù	bring under control or keep under control
既然如此	jìrán rúcǐ	such being the case
扶	fú	assist, help

练　习

（一）选择与划线的词语意思相近的解释

1. 一会儿的工夫孙悟空就回到了唐僧的身边。

A. 时间　　B. 力气

C. 小时　　D. 空闲时间

2. 徒弟啊，出家人不能说谎。

A. 出去了的人　　B. 不回家的人

C. 离开家的人　　D. 当了僧尼或道士的人

3. “我头疼，原来是因为师父咒我啊！”悟空奇怪地问。

A. 从前　　B. 开始的时候

C. 本来　　D. 表示明白了原因

（二）请根据课文内容选择恰当的答案

1. 唐僧的包里包着什么？

A. 烧饼　　B. 棉衣

C. 帽子　　D. 烧饼、棉衣、帽子

2. 唐僧的包里包着的棉衣和帽子是哪儿来的？

A. 是从唐僧的家里带来的。　　B. 是唐僧小时候穿过戴过的。

C. 是观音菩萨给的。　　D. 是唐僧妈妈做的。

3. 孙悟空为什么不去找观世音菩萨了？

A. 因为唐僧不让他去。　　B. 他怕唐僧再念紧箍咒。

C. 他怕观世音也念紧箍咒。　　D. 他怕如来佛帮助观世音。

（三）说一说

1. 唐僧是怎样让孙悟空戴上金箍的？

2. 唐僧为什么多次念紧箍咒？说一说每次念紧箍咒的原因。

十四、孙悟空有了两个师弟

孙悟空保护着唐僧去西天取经。一路上，他打死了很多妖怪（yāoguài），还收了一匹（pǐ）由（yóu）白龙变成的神马——白龙马，让唐僧骑着。

一天傍晚，师徒二人来到一个村庄。这个村庄里有一多半人家姓高，所以叫高老庄。高老庄有一位老人叫高太公。师徒二人来到高太公家门前，想在他家住一夜。高太公很高兴他们到家里来住，因为他家出了一件怪事儿（guàishìr），正想请人来帮忙。

师徒二人一进门，高太公就对他们说："我和老伴儿（lǎobànr）没有儿子，只有三个女儿。大女儿叫香兰，二女儿叫玉兰，三女儿叫翠兰。大女儿、二女儿都结婚离开了家，只有三女儿在我们身边。我们想找个女婿（nǚxu）来我们家。三年前，庄里来了一个姓猪的男子，长得挺不错，也愿意到我们家来，三女儿就跟他结了婚。开始他很好，也很爱干活儿，但是后来他的脸和嘴有时会变。"

"怎么个变法?"孙悟空问。

"他一变就变得像猪一样——长长的嘴，大大的耳朵，很难看。他来的时候，又是刮风（guāfēng），又是下雨，邻居们都很害怕他，都说他一定是一个妖怪。我想请你们帮助我们把他赶走（gǎnzǒu）!"

"这个不难，今天晚上我就帮你们把他抓起来。"

高太公十分高兴，叫人准备了好吃的饭菜请唐僧和悟空吃。

晚上，悟空跟着高太公到了三女儿的房间，看见门上挂着一把锁（suǒ）。悟空用金箍棒使劲一敲（qiāo），锁就开了。悟空打开门，房间里面黑黑的。高太公叫了一声："女儿!"

三女儿一听是父亲来了，跑过来抱住父亲哭了起来。

"孩子，你先别哭！我问你，那妖怪哪里去了?"

"不知道，这些天，他天一亮就走，到夜里才回来。"

悟空听了他们父女之间的对话，心里有了主意，就让高太公带着三女儿离开这里，自己摇身一变（yáo shēn yí biàn），变成了高太公三女儿的模样（múyàng），躺在床上。

半夜里，忽然刮起了一阵大风，房间的门被吹开了。从外面走进来一个妖怪，长长的嘴，大大的耳朵。妖怪看不出真假（zhēn jiǎ），走到床旁边，他刚想去又抱又吻（wěn），悟空一推，差一点儿把妖怪推了个跟头。

妖怪叫起来："姐姐，你今天为什么不高兴？是不是我回来晚了？"

悟空学（xué）着女人的声音说："不是，是我的父母不高兴，说你太难看。"

"我是不好看。要想变好看了，也不难。我刚来的时候，跟你父母说过，他们愿意，我才来你家的。他们怎么又这样说呢！"

"我父母要请法师（fǎshī）来抓你呢。"

"没关系！我会三十六种变化，我不怕。"

"他们要请那个齐天大圣来抓你。"

"是真的吗？"

"我怎么会骗你呢？"

"这么说，我得马上离开这儿，我们两口子就不能在一起了。"

"你为什么要走呢？"

"你不知道，那齐天大圣很有本事，我打不过（dǎbuguò）他。"说完，妖怪下床就要走。

悟空一把抓住了他，现出本来的样子："妖怪，你往哪里走！你看看我是谁？"妖怪一看是孙悟空，吓得转身就跑，悟空把他追了回来。

后来，那妖怪知道了孙悟空是保护唐僧去取经的，他也做了唐僧的徒弟。唐僧给他起了个名字叫猪八戒。从此以后，悟空有了一个师弟，唐僧有了两个徒弟。

唐僧带着两个徒弟离开高老庄向西走去。他们刚翻过一座大山，就看见前面有一条大河，这条河叫"流沙河"。河里有一个妖怪，这妖怪以前是天上的卷帘（juǎn lián）大将（dàjiàng），因为在天上犯了罪（fànzuì），下凡（xiàfán）到了流沙河。菩萨让他等唐僧经过流沙河的时候，保护唐僧去西天取经。唐僧就收他当了徒弟，用流沙河的"沙"作他的姓，叫他沙悟静。从此以后，悟空有了两个师弟。

词语

妖怪	yāoguài	demons, monsters
匹	pǐ	measure word for horses, mules, deer, etc.
由	yóu	by (indicates that the aftermentioned action was done or undertaken by somebody)
怪事儿	guàishìr	strange event
老伴儿	lǎobànr	wife
女婿	nǚxu	son-in-law
刮风	guāfēng	windy weather, wind blowing
赶走	gǎnzǒu	to drive out, expel
锁	suǒ	lock
敲	qiāo	to strike, to hit
摇身一变	yáo shēn yí biàn	to shake the body and transform oneself, to change magically
模样	múyàng	looks, appearance
真假	zhēnjiǎ	true and false; genuine and fake
吻	wěn	to kiss
学	xué	imitate
法师	fǎshī	Master of the Law (form of address for a Buddhist or Taoist monk)

打不过	dǎbuguò	to be no match for somebody
卷帘	juǎn lián	roll up the bamboo screen
大将	dàjiàng	senior general
卷帘大将	Juǎnlián Dàjiàng	the former name for the Buddhist monk Sha when he was in the heaven
犯罪	fànzuì	offense through negligence
下凡	xiàfán	(of gods or immortals) descend to the world

练　习

（一）选择与划线的词语意思相近的解释

1. 这个村庄里有一多半人家姓高，所以叫高老庄。
   A. 多半儿　　B. 大半儿
   C. 一大半儿　　D. A、B、C 都正确

2. 悟空听了他们父女之间的对话，心里有了主意。
   A. 男人和女人　　B. 父亲和女子
   C. 父亲和女儿　　D. 爸爸和孩子

3. 这么说，我得马上离开这儿，我们两口子就不能在一起了。
   A. 你说这样的话　　B. 这么说着
   C. 这样的话　　D. A、B、C 都正确

（二）请根据课文内容选择恰当的答案

1. 高太公为什么想赶走他的三女婿？
   A. 三女婿现在变得很难看。
   B. 三女婿来的时候又刮风又下雨。
   C. 邻居们很害怕三女婿。
   D. A、B、C 都正确

2. 三女婿一听到齐天大圣的名字，就想离开高家庄，为什么？

A. 因为他不想做孙悟空的师弟

B. 因为他想去找别人帮助他

C. 因为他的本事没有齐天大圣的本事大

D. 因为他见过齐天大圣

3. 唐僧的三徒弟沙僧在哪里等他们？

A. 山上　　B. 河里

C. 河边　　D. 天上

（三）说一说

1. 高太公家里发生了什么怪事儿？

2. 说一说孙悟空是怎样帮助高太公家抓妖怪的？

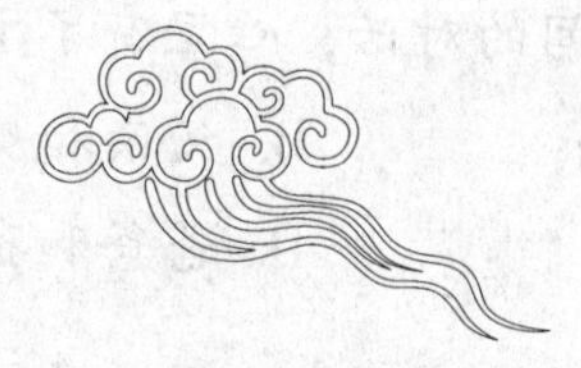

十五、孙悟空偷吃人参果

一天，师徒四人来到一座高山下，这座山叫“万寿山”。山上有座庙（miào）叫五庄观（guàn）。五庄观的后院有一棵人参果（rénshēnguǒ）树，这树三千年开（kāi）一次花（huā），三千年结（jiē）一回果（guǒ），再过三千年果子才能成熟。将近一万年，只能结三十个果子。果子的样子很像刚刚生下来的小孩儿，有鼻子有眼睛，有胳膊有腿。要是你闻（wén）一闻果子的香味，就能活三百六十岁；要是你吃一个果子，就能活四万七千年。人参果树是五庄观里的宝贝。

这天，五庄观的大仙带着徒弟们到天上听课去了，只留下两个最小的徒弟看家。这两个小徒弟，一个叫明月，一个叫清风。大仙临（lín）走的时候告诉明月和清风，去西天取经的唐僧要经过这儿，你们要好好接待（jiēdài）唐僧，可以给他吃两个人参果，但是不要让他的徒弟们知道。

唐僧师徒四人来到五庄观门前，明月和清风出来迎接。明月和清风请唐僧到了正殿（zhèngdiàn），唐僧坐下来休息，三个徒弟干活去了。

明月和清风请唐僧喝茶，又去后院打了两个人参果，拿来给唐僧吃。

唐僧看到明月和清风拿着的人参果，吓得发抖（fādǒu）：“哎呀，这是刚出生不到三天的小孩儿吧，怎么能拿来给我吃？”

“这是树上结的人参果，吃一个没关系。”明月和清风说。

“不，我不吃，树上怎么会结出人来？拿走！快拿走！”

唐僧不吃人参果，明月和清风拿着果子回到自己的屋里去了。人参果一打下来就要马上吃掉（chīdiào），时间一长就不好吃了。于是，明月和清风一人一个吃了起来。

明月和清风的屋子旁边是厨房，八戒正在那儿做饭。他听见明月和清风的声音，过去一看，看见明月和清风正在吃人参果，馋得口水都流了下来。

一会儿，孙悟空放马回来了。猪八戒对悟空说："告诉你，这儿有一样宝贝，叫人参果！"

"什么？人参果？我听说过，可是从来没看见过，哪儿有这东西？"

"在后院的树上，猴哥，你去偷（tōu）几个来尝尝，怎么样？"

"好，我马上去摘几个来。"

悟空来到后院的树下往上一看，树上的人参果被风一吹，直点头，手动，脚也动，真像刚出生的小孩儿一样。悟空高兴极了："好东西啊！我从来没见过。"悟空一下跳到树上，用金箍棒对着一个人参果一打，那个人参果"扑"地落了下来，悟空也跳下来。悟空在地上的草中寻找（xúnzhǎo），找过来找过去，都没找到。悟空很奇怪，就念了几句咒语，叫来土地神问了问才知道："这果子遇金而落，遇木而枯（kū），遇水而化（huà），遇火而焦（jiāo），遇土而入。"刚才落下来的果子一定是钻进土里去了。后来，悟空用衣服接着，打了三个果子，给猪八戒、沙和尚一人一个，自己也吃了一个。

三个人参果吃完了，八戒还想吃："猴哥呀，你再去弄几个来吃吃吧！"

八戒他们说的话让隔壁（gébì）的明月清风听到了。他们跑到后院一看，树上少了四个人参果，他们生气极了，跑到唐僧面前大喊："你们为什么偷吃我们的人参果？"然后就不停地骂（mà）起来。

唐僧说："小童啊，有话慢慢说，不要乱（luàn）骂人啊！"

"你们偷吃了人参果，还不让我们说？"

"我一看见那东西就怕，哪敢偷吃？"

"你没吃，还有你的徒弟呢？"

"你们说得也对，让我问问他们，要是他们偷了，就让他们向你们赔礼道歉（péilǐ dàoqiàn）。"

庙	miào	temple
观	guàn	(in this context) Buddhist temple
人参果	rénshēnguǒ	ginseng fruit
开花	kāihuā	to bloom, to blossom
结果	jiēguǒ	to bear fruit
闻	wén	to smell (the odor of something)
临	lín	just before
临走的时候	lín zǒu de shíhou	just before leaving
接待	jiēdài	to welcome , to receive (guests)
正殿	zhèngdiàn	the main hall of a temple (or palace)
发抖	fādǒu	to tremble
吃掉	chīdiào	eat up
偷	tōu	to steal
寻找	xúnzhǎo	to look for, to search, to seek
枯	kū	to wither, to dry up
化	huà	to dissolve
焦	jiāo	to turn brown, to burn
隔壁	gébì	next-door
骂	mà	to scream at, to curse
乱	luàn	arbitrarily, at random
乱骂人	luàn màrén	to give verbal abuse
赔礼道歉	péilǐ dàoqiàn	to apologise

练　习

（一）选择与划线的词语意思相近的解释

1. 于是，明月和清风一人一个吃了起来。

   A. 吃了　　B. 吃完了

   C. 吃掉了　　D. 开始吃了

2. 你们偷吃了人参果，还不让我们说？

   A. 告诉　　B. 讲

   C. 批评　　D. 解释

3. 我一看见那东西就怕，哪敢偷吃？

   A. 在哪儿偷吃　　B. 去哪儿偷吃

   C. 没敢偷吃　　D. 不敢偷吃

（二）请根据课文内容选择恰当的答案

1. 关于开始的两个人参果，正确的说法是：

   A. 清风和明月两个人偷吃人参果。

   B. 五庄观的大仙让徒弟给唐僧师徒两个人参果。

   C. 八戒听见清风明月在吃人参果，想找孙悟空一起看看什么样。

   D. 唐僧不敢吃那两个人参果。

2. 关于人参果树，哪一项不正确？

   A. 三千年开一次花

   B. 三千年结一次果

   C. 一万多年只结三十个人参果

   D. 三千年果子才能成熟

3. 清风和明月为什么非常生气？

   A. 因为他们听见八戒还想再吃。

   B. 因为他们觉得唐僧师徒偷吃人参果。

C. 因为有一个人参果“遇土而入”了。

D. 因为唐僧不肯吃送他的人参果。

（三）说一说

1. 孙悟空为什么要去偷吃人参果？
2. 说一说五庄观里的那棵人参果树？

十六、孙悟空推倒人参果树

唐僧把三个徒弟叫过来，当着（dāngzhe）明月和清风问道：“你们有没有偷吃人参果树上的果子？”三个徒弟谁都不说话。

唐僧又问悟空。悟空回答说：“师父，是八戒看见这两个小童吃人参果，想尝尝，我就去打了三个，我们兄弟每人吃了一个。现在吃也吃完了，怎么办？”

“你们明明偷了四个，还说是三个。你们这些小偷（xiǎotōu）、骗子（piànzi）……”明月和清风对着唐僧又大骂起来。

孙悟空听他们骂自己的师父，生气极了，心想：“吃了你们三个人参果，你们就骂人，太过分（guòfèn）了，我叫你们骂！”孙悟空拔了一根身上的毛，小声儿说：“变！”就变出了一个假的孙悟空。孙悟空让这个假孙悟空站在这儿陪着唐僧、猪八戒和沙和尚继续听那两个小童骂人。自己到了后院，拿着金箍棒对着人参果“噼里啪啦（pīlipālā）”乱打，树上的人参果全都掉了下来，钻进土里不见了。孙悟空为了解气（jiěqì），把人参果树也推倒了。这时候孙悟空才得意地回到唐僧身边。孙悟空旁边的人一点儿也没发觉（fājué）。明月和清风骂了半天，猪八戒他们谁也没有还嘴（huánzuǐ），他们也只好不骂了。

明月和清风想再看看人参果少了三个还是四个，就往后院走去。一进后院的门，两人都吓呆了（xià dāi le）。人参果树倒了，人参果全都不见了。

清风大声喊着：“怎么办？这怎么办？师父回来，我们怎么向师父说呢？

“师兄别大声喊，一定是那猴子干的，我们可以这样……”明月说。

清风听了明月的话点了点头。

吃晚饭的时间到了。唐僧他们走进厨房，刚拿起碗筷（kuài），明月和清风就在外面锁（suǒ）上了厨房的门。

八戒笑着说：“这是什么风俗（fēngsú）？吃饭的时候怎么还

锁门呢?"

清风在厨房外面又骂起来:"你们这些坏和尚,偷吃了人参果还把树推倒,等我师父回来再跟你们算账(suànzhàng)!"

唐僧听见骂声也着急了:"悟空啊,你们偷吃了人家的果子就已经错了,为什么还错上加错,推倒人家的树呢?"

"谁让他们骂人呢?"悟空说。

"他们现在把咱们锁在这里,你快想个办法吧!"

悟空说:"师父,您别着急,等晚上他们睡着了,咱们就离开这儿。"

"怎么走呀!出去的门都锁上了!"沙僧说。

悟空笑了:"放心吧,我有办法!"

天黑了,清风明月都睡觉去了。孙悟空说:"师父,咱们马上就能出去了!"他用金箍棒往门上一指(zhǐ),用了个"开锁法","哗啦(huālā)"一声,门上的锁就掉了下来,门也自动打开了。悟空请师父上了马,四个人悄悄(qiāoqiāo)离开了五庄观,向西走去。

走了一会儿,悟空说:"你们先慢慢走着,我回去看一下那两个小童,我得让他们长长地睡上一觉。"唐僧说:"徒弟,你可不要伤(shāng)他们啊。"

悟空回到清风明月睡觉的屋子外面,从身上变出两只瞌睡虫来,瞌睡虫从窗口飞到清风明月的脸上,清风和明月就呼呼(hūhū)大睡起来了。

词 语

当着	dāngzhe	in the presence of
小偷	xiǎotōu	thief, pilferer

骗子	piànzi	swindler
过分	guòfèn	excessive
噼里啪啦	pīlipālā	the sound of things dropping
解气	jiěqì	to vent one's anger
发觉	fājué	to discover
还嘴	huánzuǐ	to answer back
吓傻了/	xià shǎ le/	be scared out of one's wits
吓呆了	xià dāi le	to be scared stiff
筷	kuài	chopsticks (here：碗筷 bowls and chopsticks, tableware)
锁(上)	suǒ(shang)	to lock up
风俗	fēngsú	custom
算账	suànzhàng	to get even with somebody
指	zhǐ	to point at something
哗啦	huālā	rustling sound, sound of walls rashing down, a noisy sound (onomatopoeia)
悄悄	qiāoqiāo	secretly, quietly
伤	shāng	to injure, to hurt
呼呼	hū hū	sound of snoring (onomatopoeia)

(一) 选择与划线的词语意思相近的解释

1. 你们明明偷了四个，还说是三个。

   A. 分明　　B. 应该是

   C. 明确　　D. 明白

2. 明月和清风骂了半天，猪八戒他们谁也没有还嘴，他们也只好不骂了。

   A. 一个上午　　B. 半天的时间

   C. 一个白天　　D. 很长的时间

3. 门也自动打开了。

A. 自己打开　　　　B. 运动着打开

C. 孙悟空自己打开　　　　D. 他动打开

（二）请根据课文内容选择恰当的答案

1. 清风和明月为什么把唐僧他们锁在厨房里吃饭？

A. 这是五庄观的风俗。

B. 这是清风想出来的办法。

C. 清风和明月害怕孙悟空打他们。

D. 清风和明月怕唐僧他们逃走。

2. “错上加错”的意思是：

A. 有一个错儿。

B. 有两个错儿。

C. 有三个错儿。

D. 做了一件错事儿，又做一件错事儿。

3. 课文中孙悟空用了几次法术？

A. 两次　　　　B. 三次

C. 四次　　　　D. 五次

（三）说一说

1. 孙悟空为什么推倒人参果树？

2. 说一说唐僧他们离开五庄观以后，孙悟空又回去做了什么？

十七、孙悟空被抓回五庄观

五庄观的大仙和仙童们（xiāntóngmen）听完课回到五庄观时，只见大门开着，却不见留下来看大门的清风明月出来迎接。大仙觉得有点儿奇怪（qíguài），就对身边的人说："你们快去把清风和明月找来。"

仙童们找到清风和明月的时候，他们俩正在房间里呼呼大睡，叫了半天才把他们叫醒。清风明月看见师父回来了，哭着告诉师父，孙悟空偷吃了人参果还推倒了人参果树。

大仙听了很生气，对清风明月说："走，你们跟着我去把他们抓回来！"说着，大仙带着那两个小童追（zhuī）唐僧他们去了。不一会儿，一个小童用手一指："师父，您看！前边树下坐着的那个白白胖胖的就是唐僧！"

"好，你们俩先回去准备绳子（shéngzi）吧！我自己来抓他们。"说完大仙一晃身子变成了一个老道（lǎodào），向唐僧走过去："长老（zhǎnglǎo），你们是从哪里来的呀？"

"我是从东方的大唐国来的，到西天去取经。"

"长老从东方来，到过五庄观没有？"

"没有，没有。五庄观是什么地方，我们连（lián）听都（dōu）没听说过。"悟空抢（qiǎng）先回答。

"你这个猴子，你骗谁呀？明明是你们在我的观里偷吃了我的人参果，还把我的人参果树推倒，快把树还给我！"

悟空一听"偷吃"二字，气得拿起金箍棒朝大仙打过去。大仙跳上一朵白云，孙悟空追了过去。这时，大仙现了原形，他把大衣的袖子轻轻一晃，就把孙悟空、猪八戒、沙和尚和唐僧，还有白龙马和行李什么的，全都装（zhuāng）进大袖子里去了。

大仙回到五庄观，叫徒弟拿来绳子，他从袖子里先拿出唐僧，用绳子捆（kǔn）在柱子上，然后是悟空、八戒、沙僧，每根柱子上捆一个。

大仙对徒弟们说："拿皮鞭（píbiān）来，打他们一顿。"

一个徒弟问："师父，先打哪个？"

大仙说："唐僧是师父，先打他。"

悟空一听，心想，要是他们用这鞭子打师父，一定会把师父打死，就马上说："慢！别打我师父！偷人参果的是我，吃人参果的也是我，推倒人参果树的还是我，你们为什么要打我师父？你们要打就打我吧！"

"哈哈，这猴子说话还挺硬（yìng）。好，那就先打你！"

大仙的一个徒弟举（jǔ）起皮鞭狠狠（hěnhěn）地朝孙悟空的腿上打去。可孙悟空已经悄悄地把自己的腿变成了铁腿。打了好几十下以后，大仙又说："现在该打唐僧了，因为他教育（jiàoyù）徒弟不严！"

悟空连忙（liánmáng）说："慢！我偷果子、推倒人参果树的事情，我师父一点儿都不知道，你们不要打我师父，还是打我吧！"

"嘿嘿，这猴子对师父还真好！那，还是打你吧！"

悟空又挨（ái）了几十鞭子，虽然他的两条真腿没有事，可两条假腿已经被打得锃亮（zèngliàng），亮得像镜子一样。

大仙说："今天算了，把鞭子泡（pào）在盐水里等明天再打。"

大仙他们休息去了。唐僧流着眼泪（yǎnlèi）说："都是你们闹（nào）的，现在怎么办？"

悟空说："师父您别着急，别生气！晚上我们就能离开这儿！"

半夜里，悟空把身体变小，脱（tuō）下了捆在身上的绳子，然后帮助唐僧他们解开绳子，最后他对八戒说："八戒，你快去拔四棵柳树（liǔshù）来。"

"要柳树做什么？"

"快去，有用处。"

"好！好！"

一会儿，八戒拿来四棵柳树。悟空把树捆在柱子上，先念

(niàn) 了几句咒语 (zhòuyǔ), 又往树上吹了一口气, 说了声: "变!" 四棵树立刻变成了能说话的唐僧、悟空、八戒和沙僧。然后, 孙悟空他们又悄悄地离开了五庄观。

仙童们	xiāntóngmen	young attendants to the Taoist Immortals
奇怪	qíguài	strange, odd; unexpected
追	zhuī	to chase after, pursue
绳子	shéngzi	cord, rope
老道	lǎodào	Taoist priest
长老	zhǎnglǎo	elder (polite and respectful reference to a senior Buddhist monk)
连……都……	lián……dōu……	even (here: 连……听都没听说过, never even heard of)
抢(先)	qiǎng(xiān)	to vie, to rush(in the context of 抢先回答: to break in to speak, though it isn't his turn, so as to speak before 唐僧 could speak)
装	zhuāng	to load, to fill, to put in
捆	kǔn	to tie (to)
皮鞭	píbiān	leather whip
硬	yìng	obstinate, tough
举	jǔ	to raise, to lift (up)
狠狠	hěnhěn	ruthless, ferocious
教育	jiàoyù	to educate, to teach
连忙	liánmáng	promptly; at once
挨	ái	to suffer, to undergo

锃亮	zèngliàng	brightly burnished
泡	pào	to soak, to immerse
眼泪	yǎnlèi	tears
流着眼泪	liúzhe yǎnlèi	crying, shedding tears
闹	nào	to stir up trouble; to do; to make
脱(下)	tuō (xià)	to put off
柳树	liǔshù	willow tree
念咒语	niàn zhòuyǔ	to chant incantations

练　习

（一）选择与划线的词语意思相近的解释

1. 只见五庄观的大门开着，却不见留下来看大门的清风明月出来迎接。

A. 见识　　B. 见面

C. 看到　　D. 见过

2. 大仙带着那两个小童追唐僧他们去了，不一会儿，一个小童用手一指。

A. 一会儿　　B. 不是一会儿

C. 挺长时间　　D. 等会儿

3. 快去，有用处。

A. 有用它的人　　B. 有人使用

C. 用过的地方　　D. 有可用的地方

（二）请根据课文内容选择恰当的答案

1. "你这个猴子，你骗谁呀？"的意思是：

A. 你想骗一个人。　　B. 你为什么骗人？

C. 你骗的人是谁？　　D. 你骗不了我。

2. 关于大仙两次都要打唐僧的原因，下面哪一个不对？

   A. 因为唐僧的徒弟做了坏事。

   B. 因为唐僧的徒弟偷吃了人参果。

   C. 因为唐僧让徒弟偷吃了人参果还推倒了人参果树。

   D. 因为唐僧教育徒弟不严。

3. 师徒四人怎么逃走的？下面不正确的说法是：

   A. 孙悟空先把自己变小然后脱掉绳子。

   B. 孙悟空帮他们三个解开绳子。

   C. 八戒拿来四棵大柳树。

   D. 八戒把四棵大柳树变成唐僧师徒的样子。

（三）说一说

1. 五庄观的大仙是怎样把唐僧师徒抓回五庄观的？
2. 说一说孙悟空他们又是怎么离开五庄观的？

十八、孙悟空又被抓回了五庄观

半夜里，悟空他们悄悄地离开了五庄观，五庄观的大仙一点儿都没发觉。第二天，大仙又叫徒弟把鞭子拿来，先打捆在柱子上的唐僧，接着打猪八戒、沙和尚和孙悟空。

唐僧师徒正高高兴兴地向西走着，忽然悟空身体颤抖（chàndǒu）着大叫："不好啦！"

唐僧问："悟空，你的身体不停地颤抖，这是怎么啦？"

"师父，我以为大仙昨天已经打我两次了，今天就不会再打我了，没想到他又打了我的化身（huàshēn）。现在我只好收回法术（fǎshù）了！"悟空说了声"收"，捆在五庄观的四个化身立刻变成了四棵柳树。

五庄观里的徒弟们正用力打着孙悟空呢，不知为什么四个和尚一下子变成了四棵柳树。大仙很快就明白了："好一个猴子，真有本事，你还敢骗我，我还得把你们抓回来！"大仙又用昨天的办法把唐僧师徒抓回了五庄观。大仙叫徒弟们架（jià）起了一口大铁锅，锅里倒满了油，下面用火烧。大仙说："等油烧开了，先把孙悟空放进去炸（zhá），我要给我的人参果树报仇（bàochóu）！"

悟空听了，心想，正好让我洗洗澡。又一想，不行！这位大仙法力（fǎlì）大，可别把我炸死了。我得想个办法。悟空看见附近有一只石头的狮子（shīzi），他一下子滚（gǔn）到石头狮子旁边，咬（yǎo）破了自己的舌尖儿（shéjiānr），朝石头狮子喷（pēn）了一口血，叫了声："变！"石头狮子马上变成了被捆着的孙悟空。孙悟空跳到白云上，低着头往下看。

孙悟空看到四个仙童去抬假孙悟空，抬不动；又叫来四个，还是抬不动；最后来了二十个仙童才把假孙悟空抬起来。他们把假孙悟空往锅里一放，就听见有人喊："锅漏（lòu）了！锅漏了！"

大仙过来一看，锅里的油都漏光了，留在锅里的只是一只石头狮子。大仙气极了："这个大胆的猴子又骗了我，这样吧，现在咱们换一口新锅炸唐僧！"

悟空在半空中听得很清楚，心想："师父要是到了油锅里，一定会死，我得马上去救他。"悟空从空中跳下来说："别炸我师父，还是炸我吧！"

"你这个猴子，我知道你有本事，可是你太不讲理（jiǎnglǐ）了！你要想让我不炸你的师父，你必须（bìxū）还我人参果树。别看你的师父是如来佛的弟子，咱们去西天见了如来佛，他也得让你还我一棵人参果树！"

悟空笑着说："你想要人参果树，这有什么难的。你早一点儿这样说，我们就不用挨打了，现在你放了我的师父、师弟，我就还你人参果树！"

大仙知道孙悟空的本领很大，就把唐僧他们都放了。

悟空对师父说："你们先在这儿住下，我去找药方（yàofāng）来救活（jiùhuó）这棵人参果树。"

词　语

颤抖	chàndǒu	tremble, shaver, quiver
化身	huàshēn	incarnation, embodiment
法术	fǎshù	magic arts
架	jià	to put up; to erect; to set up
炸	zhá	to scald
报仇	bàochóu	to take revenge, avenge
法力	fǎlì	supernatural power
狮子	shīzi	lion
滚	gǔn	to roll (over)
咬	yǎo	to bite
咬破	yǎo pò	to break by biting
舌尖儿	shéjiānr	tip of tongue

喷	pēn	to spurt, to gush, to spray
漏	lòu	to leak
讲理	jiǎnglǐ	to be reasonable（不讲理，unreasonable）
必须	bìxū	must, to have to
药方	yàofāng	prescription
救活	jiùhuó	to revive, to bring back to life

练　习

（一）选择与划线的词语意思相近的解释

1. 悟空他们悄悄地离开了五庄观，五庄观的大仙一点儿都没发觉。
   A. 偷偷地　　B. 得意地
   C. 大摇大摆地　　D. 失望地

2. 不知为什么四个和尚一下子变成了四棵柳树。
   A. 一次　　B. 忽然
   C. 一回　　D. 等一下

3. 大仙过来一看，锅里的油都漏光了。
   A. 漏出光亮了　　B. 只有一点儿了
   C. 漏完了　　D. 还有很多

（二）请根据课文内容选择恰当的答案

1. 大仙要炸孙悟空时，孙悟空又想了什么办法？
   A. 孙悟空想正好可以洗洗澡。
   B. 孙悟空跟大仙求饶。
   C. 孙悟空在地上滚了一下儿就飞走了。
   D. 孙悟空把石狮子变成了自己的模样。

2. 捆在五庄观的四个化身立刻变成了四棵柳树，这是为什么？

   A. 因为大仙知道了这是孙悟空的法术。

   B. 因为孙悟空收了他的法术。

   C. 因为大仙打了猪八戒的化身。

   D. 因为大仙打了沙僧的化身。

3. 最后孙悟空要去做什么？

   A. 孙悟空去见如来佛了。

   B. 孙悟空再去找一棵人参果树带回来。

   C. 孙悟空去学本领了。

   D. 孙悟空去找救活人参果树的药了。

（三）说一说

1. 五庄观的大仙用了什么办法为人参果树报仇？
2. 五庄观的大仙要求孙悟空做什么，就可以放了唐僧？

十九、人参果树活了

悟空要去找救活人参果树的药方。

唐僧马上问："悟空，你要到什么地方去找药方呢?"

"我要去东海各岛（dǎo）。"

"你什么时候回来?"

"师父，我三天就回来。"

悟空又对大仙说："你要照顾（zhàogu）好我师父!"

"这事儿你放心（fàngxīn）。我就给你三天的时间。"大仙回答。

孙悟空翻起跟头云走了。他来到东海的一个仙岛，拜见了岛上的三位神仙。三位神仙说："听说你正在保护唐僧去西天取经，怎么今天有空儿到我们这儿来啊?"

悟空说："我们去西天的路上，经过万寿山的五庄观，现在观里的大仙不许我师父和师弟离开五庄观。"

三位神仙听了，奇怪地问："五庄观是大仙的仙宫，你是不是偷吃了他的人参果?"悟空笑着说："偷吃果子算什么（suàn shénme），我把他的树弄（nòng）死了！今天我是来求（qiú）你们帮忙的……"悟空把怎么偷吃人参果，又怎么推倒人参果树的事情从头到尾（cóngtóu dàowěi）说了一遍。

一位神仙说："你这猴子，那果子闻一闻能活三百六十岁，吃一个能活四万七千年。天下只有五庄观有这种仙树，你这回可犯（fàn）了大错了。"

悟空说："我已经跟五庄观的大仙说好了，我出来找药方，救活他的树。三位神仙要是有什么仙方，就给我一个，好让我师父离开五庄观。"

另（lìng）一位神仙说："你要是弄死了只猫儿、狗儿什么的，我们还可以救活它们。那人参果树是仙树，我们也没有办法啊!"

悟空一听，十分着急。那位还没说话的神仙看着悟空着急的样子，就说："悟空，我们这儿没有药方，别的地方也许有，你别太着急了，再去别的地方找找吧。”

悟空又去了两个仙岛，都没有找到能救活人参果树的药方。这下儿，孙悟空急坏（jíhuài）了。三天的时间也快到了。忽然，他想：“去找一找南海的观世音，人们不是常说观世音能救苦救难（jiùkǔ jiùnàn）吗？我去求她帮忙吧！”于是，悟空来到南海，拜见观音菩萨，把求药方的事又说了一遍。

观音菩萨说：“你怎么不早来见我？”悟空一听，知道菩萨一定有办法，马上说：“求求您帮我救活人参果树吧！我好保护师父早点儿去西天取经啊！”

“我这净瓶（jìngpíng）里的甘露水就能救活仙树。”

“您用这水救活过仙树？”

“救活过，有一年，太上老君跟我打赌（dǎdǔ）。他把我这瓶里的一根柳条儿（liǔtiáor）拔出来，放到他的八卦炉里，烧焦以后还给我。我把烧焦的柳条儿插（chā）进这个瓶子里，过了一天一夜，那柳条儿长（zhǎng）出了青枝绿叶（qīngzhī lǜyè），而且还跟以前一模一样。”

悟空想：“烧焦了的都能救活，救人参果树一定能行。”

孙悟空陪着观音菩萨来到五庄观。观音菩萨叫悟空、八戒、沙僧先把人参果树扶起来，然后用她瓶里的水洒（sǎ）在人参果树上，一边洒一边念着经咒。过了不长时间，人参果树真的起死回生（qǐsǐ huíshēng）了，树上还有二十三个人参果。

清风明月觉得很奇怪：“前天我们俩数了好几遍，树上只有二十二个果子。今天怎么多了一个果子？”

悟空马上说：“‘日久见人心’，前天老孙只偷了三个，你们不相信，今天你们知道了吧！”

五庄观的大仙看到人参果树活了，高兴极了，马上让徒弟打下来十个人参果，开了个“人参果会”来感谢观音菩萨。大仙请观世音和唐僧师徒一块儿吃，唐僧这时候也知道那是仙果了，就吃了一个，孙悟空、猪八戒、沙和尚，一人又吃了一个。

吃完了人参果，唐僧师徒拜谢了观音菩萨和五庄观的大仙，告别此地又向西去了。

词　语

岛	dǎo	island
照顾	zhàogu	to look after, take care of
放心	fàngxīn	to set one's mind at rest
算什么	suàn shénme	be not important; be of little importance; be not the important thing
弄(死)	nòng (sǐ)	to make (here: 弄死 to kill)
求	qiú	to request
从头到尾	cóngtóu dàowěi	from the beginning to the end
犯错	fàncuò	to make a mistake
犯大(错)	fàn dà (cuò)	to make a serious mistake
另	lìng	another
急坏	jíhuài	excited, flustered, to be extremely anxious and worried
救苦救难	jiùkǔ jiùnàn	to help the needy and relieve the distressed
净瓶	jìngpíng	(Buddhist) washbasin
打赌	dǎdǔ	to make a bet; to bet; to wager
柳条儿	liǔtiáor	willow branch
插	chā	to insert(here: 插进, to stick in)
长	zhǎng	to grow
青枝绿叶	qīngzhī lǜyè	green branches and leaves
洒	sǎ	to sprinkle
起死回生	qǐsǐ huíshēng	to bring back to life

练　习

（一）选择与划线的词语意思相近的解释

1. 孙悟空翻起跟头云走了。

A. 离开了　　B. 跑了
C. 过去了　　D. 走着离开了

2. 悟空把怎么偷吃人参果，又怎么推倒人参果树的事情从头到尾地说了一遍。

A. 批评　　B. 讲
C. 讨论　　D. 谈话

3. 你这回可犯了大错了。

A. 回来　　B. 回去
C. 次　　D. 遍

（二）请根据课文内容选择恰当的答案

1. 唐僧师徒在五庄观一共吃了几个人参果？

A. 两个　　B. 三个
C. 六个　　D. 七个

2. “日久见人心”的意思是：

A. 好久不见了。　　B. 时间长才看出人心的好坏。
C. 日子久了。　　D. 分开时间长了心里就很想见面。

3. “人参果会”结束后，人参果树上还有多少个人参果？

A. 十三个　　B. 二十三个
C. 二十二个　　D. 十个

（三）说一说

1. 孙悟空为了找药方去了哪些地方，结果怎么样？
2. 说一说人参果树是谁救活的，是怎么救活的？

二十、孙悟空一打白骨精

一天，孙悟空、猪八戒和沙和尚保护着唐僧来到一座大山下。唐僧又饿又渴（kě），骑在马上说："悟空，我肚子（dùzi）饿了，你快去找一些吃的东西来吧。"

悟空说："好！师父，您下马坐在这儿等着我，我先去看一看。"悟空跳到云上，向四面一看，周围没有村庄，也没有一户（hù）人家，只有南边的高山上有一片（piàn）星星点点（xīngxīng diǎndiǎn）的红色。悟空下来对唐僧说："这附近没有人家，只是南山上有一片星星点点的红色，那大概是成熟的山桃，我去摘一些来给您吃吧。"

唐僧说："出家人有桃子吃，就不错了。"悟空翻起跟头云，到南山摘桃子去了。

这座山里有一个妖怪叫白骨精（Báigǔjīng）。唐僧他们一进山，白骨精就知道了。白骨精想："我早就听说过唐僧的肉很好吃，谁要是能吃到他的肉，就能长生不老。"白骨精看见孙悟空去南山了，非常高兴，心想："现在孙悟空不在唐僧身边，正好是我去抓唐僧的好时候。"白骨精摇身一变，变成了一个花容月貌（huāróng yuèmào）的姑娘（gūniang）。你看她眉清目秀（méiqīng mùxiù），唇（chún）红齿（chǐ）白，提着篮子，朝着唐僧休息的地方走过去。

唐僧看见那个姑娘，对八戒和沙僧说："悟空刚才说这里没有人家，你们看，那不是走过来一个女子吗？"

八戒说："师父，您坐着，我过去看看。"

八戒走到姑娘面前笑着问："美人儿，你去哪儿呀？篮子里装的（zhuāng de）是什么东西？"

"我是来给你们送饭的呀！篮子里装的都是好吃的饭菜。"姑娘回答。

八戒听了满心欢喜（mǎnxīn huānxǐ）："师父，她是来给咱们送饭的，我很饿，我先吃一点儿啦！说着，猪八戒就想去拿篮子里的东西。

就在这时候，孙悟空回来了。他马上放下刚摘回来的山桃，举起金箍棒就朝那女人打过去。

唐僧拦住（lánzhù）孙悟空："悟空，你怎么打人呢？"

"师父，她不是人，是妖怪。"

"她是给我们送饭来的，是好人，你怎么说她是妖怪呢？"

"师父，妖怪想吃人的时候，都会变成好人的样子来骗人的。"说着，悟空又举起金箍棒朝那女人打去。金箍棒打在那女人的身上，那女人立刻倒在地上，死了。其实（qíshí），倒在地上的只是白骨精的假身体，真的白骨精已经变成黑烟逃跑了。

可是唐僧不知道这些，他一看孙悟空打死了人，非常生气："悟空，你怎么这么不听我的教诲，我不要你做我的徒弟了，你走吧！"

"师父，她真的是妖怪变的。如果您不相信，咱们看看她篮子里的东西吧。"

沙僧扶着唐僧走过去一看，篮子里哪有什么好吃的饭菜呀，是一些长着尾巴（wěiba）的虫子（chóngzi），还有几只青蛙（qīngwā）、癞蛤蟆（làiháma）什么的。唐僧看了没说话，他还是不相信悟空的话，心里想："那女子长得那么漂亮，怎么会是妖怪呢？"

渴	kě	to be thirsty
肚子	dùzi	belly
户	hù	measure word (or classifier) for households
片	piàn	measure word for stretches of land or scenery
星星点点	xīngxīng diǎndiǎn	bits and pieces (of), tiny spots (of)

白骨精	Báigǔjīng	White Bone Demon
花容月貌	huāróng yuèmào	beautiful features (of a woman)
姑娘	gūniang	girl
眉清目秀	méiqīng mùxiù	to have delicate features, to have a pretty face
唇	chún	lips
齿	chǐ	teeth
装(的)	zhuāng(de)	loaded with, filled with
满心欢喜	mǎnxīn huānxǐ	to be filled with joy
拦住	lánzhù	to block, to stop (somebody)
其实	qíshí	in fact, actually
尾巴	wěiba	tail
虫子	chóngzi	insects; worms; bugs
青蛙	qīngwā	frogs
癞蛤蟆	làihámɑ	toads

（一）选择与划线的词语意思相近的解释

1. 悟空，我肚子饿了，你快去找一些<u>吃的东西</u>来吧。

A. 饭　　B. 菜

C. 食物　　D. 水果

2. 周围没有村庄，也没有一户<u>人家</u>。

A. 别人　　B. 家人

C. 旅店　　D. 住户

3. 出家人有桃子吃，就<u>不错了</u>。

A. 对了　　B. 没错了

C. 不太好了　　D. 挺好了

（二）请根据课文内容选择恰当的答案

1. 下面哪一项不是形容姑娘容貌的？

A. 月貌花容　　B. 眉清目秀

C. 齿白唇红　　D. 长生不老

2. 下面哪一样不是姑娘的篮子里装的？

A. 虫子　　B. 尾巴

C. 青蛙　　D. 癞蛤蟆

3. 唐僧认为那个姑娘怎么样？

A. 是妖怪　　B. 不是妖怪

C. 不是好人　　D. 是骗子

（三）说一说

1. 那个漂亮的姑娘是谁，她想来干什么？

2. 说一说唐僧师徒对那个姑娘的态度。

二十一、孙悟空二打白骨精

白骨精变成漂亮姑娘给唐僧送饭，差一点儿被孙悟空打死。白骨精很不甘心（gānxīn），心想："我得再想个办法去抓唐僧。"白骨精又摇身一变，变成了一个八十多岁的老太太，拄（zhǔ）着拐棍（guǎigùn），从山后向唐僧、孙悟空他们走过来。她一边走，一边哭，还不停地喊着："女儿啊，你在哪儿？娘好想你啊……"

八戒看见那个老太太后很吃惊，连忙说："师父，不好了！那个老妈妈来找人了……"

唐僧说："找什么人啊？"

"师兄打死的那个漂亮的姑娘，一定是她的女儿。那个老妈妈一定是找女儿来了。"

"别乱说（luànshuō）！"孙悟空打断（dǎduàn）了猪八戒的话，"那个姑娘看上去只有十七八岁，这个老太太最少也有八十多岁了。六十多岁的人还能生孩子吗？一定是假的。你们等着，我去看看就明白了。"

悟空一个跟头翻到了老太太面前。他一看又是白骨精，举起金箍棒就打："你这个妖怪，还敢来骗人！"

白骨精看孙悟空举棒打过来，马上又变成一股（gǔ）黑烟逃跑了。地上留下了老太太的假尸体（shītǐ）。

唐僧看见悟空刚才打死了一个姑娘，现在又打死了姑娘的妈妈，生气极了。他一句话也没说，只是闭（bì）上眼睛，双手合十（héshí），念起了紧箍咒。他一口气念了二十多遍。孙悟空的头被金箍勒得像个葫芦（húlu）："师父，疼死我了！别念了！饶（ráo）了我吧……"

"如果要我饶你，你得马上离开我！这一回，说什么你也不能当我的徒弟了。"

孙悟空想："要是我真的离开师父，师父就到不了西天，取不成真经了。"又想到："我是师父从五行山下救出来的，师父的救命之恩（jiùmìng zhī ēn）还没报（bào），我怎么能离开师父呢！"

"师父，如果您一定要赶我走，得答应徒弟一件事儿。"

"什么事啊?"唐僧回答。

"五百年以前，我老孙在花果山水帘洞做齐天大圣美猴王时，有四万七千多个徒弟。现在我做了您的徒弟，您就把这个'金箍'勒在我的头上。如果我现在戴着这个'金箍'回去，怎么有脸见故乡人呢！师父，如果您真的不要我了，就请您念一念'松箍咒'。我好把头上的'金箍'拿下来，还给您。"

唐僧说："菩萨只教了我'紧箍咒'，却没有什么'松箍咒'啊!"

悟空说："如果您不能把金箍给我拿下来，您还得带着我走!"

唐僧没有办法，只好说："我再饶你一次，以后可不能再打死人了。"

"以后我一定听您的话。"悟空把师父扶上了马。

唐僧和三个徒弟又一起向西走去。

甘心	gānxīn	content with or resigned to (a situation)
拄	zhǔ	to lean on
拐棍	guǎigùn	walking stick
乱说	luànshuō	to speak irresponsibly or carelessly, to say something without being sure that it is so
打断	dǎduàn	to interrupt
股	gǔ	measure word for air, fragrance, strength, etc.
尸体	shītǐ	dead body, corpse
闭	bì	to shut
合十	héshí	join one's palms

双手合十	shuāngshǒu héshí	putting one's palms together in front of oneself as in a Buddhist greeting
葫芦	húlu	bottle gourd, calabash
饶	ráo	to forgive
救命之恩	jiùmìng zhī ēn	the kindness (or favor) of saving another person's life
报恩	bào' ēn	to repay a debt of gratitude

练　习

（一）选择与划线的词语意思相近的解释

1. 白骨精变成漂亮姑娘给唐僧送饭，差一点儿被孙悟空打死。

   A. 差不多　　B. 差不离
   C. 差点儿　　D. 差得远

2. 八戒看见那个老太太后很吃惊。

   A. 吃力　　B. 气愤
   C. 惊喜　　D. 奇怪

3. 如果我现在戴着这个'金箍'回去，怎么有脸见故乡人呢！

   A. 有机会　　B. 有好脸色
   C. 有本事　　D. 有面子

（二）请根据课文内容选择恰当的答案

1. 那个老太太有多大年纪？

   A. 六十多岁　　B. 七十多岁
   C. 七八十岁　　D. 八十多岁

2. 唐僧为什么要赶走孙悟空？

   A. 因为孙悟空打死了一个妖怪。
   B. 因为孙悟空说那个老太太是骗子。

C. 因为孙悟空要求唐僧念“松箍咒”。

D. 因为唐僧不知道姑娘和老太太是白骨精变的。

3. 唐僧要赶走孙悟空，孙悟空是怎么想的？

A. 走就走。

B. 要继续保护师父去西天取经。

C. 拿掉了头上的金箍就走。

D. 拿不掉头上的金箍就不走。

（三）说一说

1. 那个老太太是谁，她想来干什么？
2. 说一说唐僧师徒对那个老太太的态度。

二十二、孙悟空三打白骨精

白骨精第二次从孙悟空的金箍棒下逃走后，还不甘心，又摇身一变，变成了一个八十多岁的老公公。他左手拿着一串（chuàn）念珠（niànzhū），右手拄着龙头拐杖（lóngtóu guǎizhàng），嘴里念着经，从山下朝着唐僧师徒走来。

唐僧刚想过去跟那老公公说话，猪八戒马上拦住说："师父，这位老人一定是来找他的女儿和老伴儿的。他要是知道是我师兄打死了他的女儿和老伴儿，一定会找我们算账的。"

孙悟空说："你这个猪头，又来吓唬（xiàhu）师父了。让我老孙再去看看。"

孙悟空走到老头儿旁边大声说："老头儿，你上哪儿去呀？怎么一边走路，还一边念经（niànjīng）?"

老头儿回答："我们一家人祖祖辈辈（zǔzǔ bèibèi）住在这里，我一生念经做好事。我有个女儿，今天早上出来送饭，到现在没回家；我老妻去找她，也没回来；我只好再出来找找她们。"

悟空笑了笑说："你又来骗人了，我认识你，你就是变成那个姑娘，又变成那个老太太的白骨精。"悟空刚要打他，又想："要是打了他，师父就会念那紧箍咒；要是不打他的话，他把师父抓走，我还得想办法去救师父。这妖怪三次来戏弄（xìnòng）我师父，我还是打死他好。"

悟空举起金箍棒朝白骨精打过去，白骨精还想变成一股烟逃走，可是来不及了，孙悟空的金箍棒已经重重地落到他的身上。白骨精大叫了一声，死了。

唐僧在马上吓得战战兢兢（zhànzhàn jīngjīng），一句话也说不出来。八戒在旁边说："师兄，你疯（fēng）了！我们刚走了半天的路，你就打死了三个人。"

唐僧听了八戒的话，刚要念紧箍咒，悟空马上来到唐僧面前，叫着："师父，您别念！别念！您先去看看他的模样。"

唐僧走过去一看，大吃一惊："悟空，这个人刚死，怎么就化成（huàchéng）一堆（duī）白骨（báigǔ）了呢?”

“师父，那个姑娘和那个老太太都是他变的，您看这块骨头（gǔtou）上还写着‘白骨夫人’呢。”

唐僧听了悟空的话，看了这堆白骨，倒也相信了。八戒又在旁边说：“师父，师兄打死了人，他怕您念紧箍咒，才把这老头儿变成一堆白骨的。”

唐僧听了八戒的话，马上念起了紧箍咒。疼得悟空跪在地上大叫：“师父，别念了！别念了！有话快说吧!”

“你这个猴头，还让我说什么？出家人要做好事，可你半天的时间就打死了三个人。现在我让你离开我，你走吧!”

“师父您错怪（cuòguài）我了。我打死的是要来害您的白骨精，您不相信我。相反（xiāngfǎn），您相信那笨（bèn）猪的话。您一次又一次地赶我走，要是我再不走，我也太丢脸（diūliǎn）了，只是我头上的金箍……”

唐僧马上说：“我再也不念那咒语了。”

“这很难说。要是您碰上了厉害（lìhai）的妖怪，八戒、沙僧都救不了您，您想起了我，念起那紧箍咒，您离我十万八千里远，我的头也会疼的。”

唐僧看悟空还不走，就让沙僧从书包里拿出纸和笔，亲手（qīnshǒu）写了一张字据（zìjù），交给悟空说：“猴头，给你这字据，我再也不要你做我的徒弟了！如再和你相见，就让我掉进地狱（dìyù）。”

悟空连忙接过（jiēguò）字据说：“师父，您不用发誓（fāshì），我这就走。”然后把字据折（zhé）好，收在身上，又对唐僧说：“师父，今天我半途而废（bàntú ér fèi），不能继续保护您去西天了。可是，不管（bùguǎn）怎么说我也是您的徒弟，您请坐，请您接受徒弟最后一拜吧。”

唐僧把身子转过去，不理（lǐ）悟空，嘴里还说：“我是个好和尚，不受你坏人的拜。”

悟空看唐僧不理自己，就用了个法术，从身上拔下三根毛，吹了口仙气，叫了声“变！”一下儿变出了三个悟空。四个悟空分别（fēnbié）跪在唐僧的前边、后边、左边、右边。唐僧没有办法，只好接受了一拜。拜完师父，悟空跳起来，收好身上的毛，含着眼泪对沙僧说：“兄弟，你是个好人。以后，你要好好保护师父。如果有妖怪捉住师父，你就说我老孙是他的大徒弟，妖怪就不敢把师父怎么样了。”说完，翻起跟头云回花果山去了。

词 语

串	chuàn	measure word (or classifier) for a string, bunch or cluster
念珠	niànzhū	rosary beads
龙头拐杖	lóngtóu guǎizhàng	dragon-head walking stick (a walking stick with a dragon head carved in the handgrip)
吓唬	xiàhu	frighten
念经	niànjīng	chant scriptures (esp. Buddhist)
祖祖辈辈	zǔzǔ bèibèi	for generations
戏弄	xìnòng	to play tricks on
战战兢兢	zhànzhàn jīngjīng	trembling with fear
疯	fēng	to be crazy
化成$_2$	huàchéng	to turn into
堆	duī	a pile of, a heap of
白骨	báigǔ	bones of the dead
骨头	gǔtou	bone(s)
错怪	cuòguài	to blame wrongly
相反	xiāngfǎn	on the contrary
笨	bèn	stupid

丢脸	diūliǎn	to lose face, to be disgraced
厉害	lìhai	terrible
亲手	qīnshǒu	personally, with one's own hands
字据	zìjù	written pledge
地狱	dìyù	hell
接过	jiēguò	to take into one's hands
发誓	fāshì	to vow; to pledge; to swear
折	zhé	to fold
半途而废	bàntú ér fèi	to give up halfway, to leave something unfinished
不管	bùguǎn	no matter what, regardless of
不管怎么说	bùguǎn zěnme shuō	no matter what you say
理	lǐ	to pay attention to
不理	bùlǐ	to disregard, to ignore
分别	fēnbié	respectively, separately

练　习

（一）选择与划线的词语意思相近的解释

1. 唐僧走过去一看，大吃一惊。

   A. 大叫一声　　B. 挺奇怪

   C. 有一点儿吃惊　　D. 非常吃惊

2. 您一次又一次地赶我走，要是我再不走，我也太丢脸了。

   A. 一次　　B. 两次

   C. 三次　　D. 多次

3. 悟空连忙接过字据说："师父，您不用发誓，我这就走。"

   A. 这个　　B. 这里

   C. 现在　　D. 等一会儿

（二）请根据课文内容选择恰当的答案

1. 唐僧在马上吓得战战兢兢，“一句话也说不出来”的意思是：

   A. 说出来了一句话。　　　　B. 不想说那一句话。

   C. 什么话也不会说了。　　　D. 有一句话说不出来。

2. 唐僧不接受孙悟空的一拜是因为：

   A. 不想让孙悟空走。　　　　B. 怕孙悟空不想回来了。

   C. 他要赶路，没时间。　　　D. 好人不能接受坏人的拜礼。

3. 孙悟空离开师父的时候是什么心情？

   A. 很愿意离开　　　　　　B. 不高兴地离开

   C. 放心地离开　　　　　　D. 很难过地离开

（三）说一说

1. 唐僧是怎么赶走孙悟空的？
2. 说一说你对唐僧、孙悟空、猪八戒的看法。

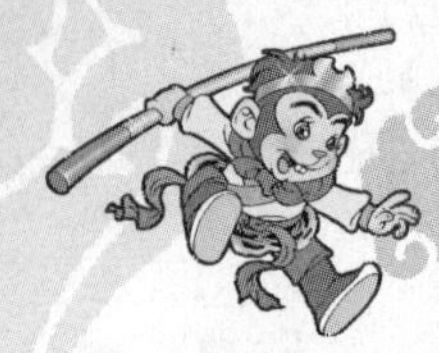

二十三、唐僧被黄袍怪抓走了

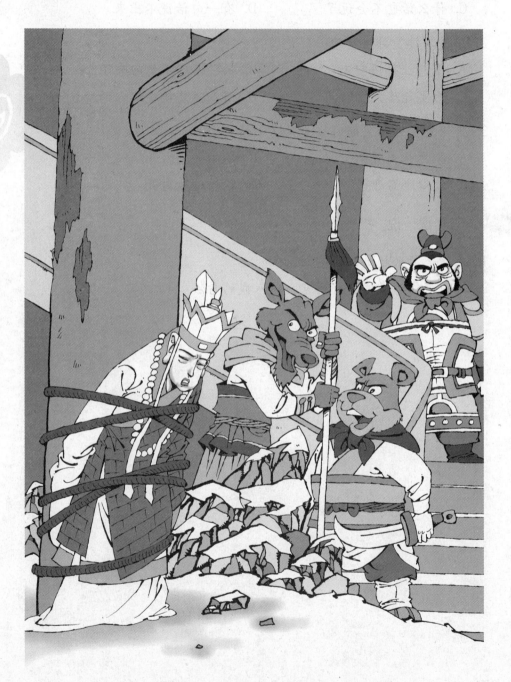

唐僧赶走了孙悟空以后，就让八戒在前头开路，沙僧挑着行李，一直往西走。这一天，他们走进了一片大松林（sōnglín）。唐僧下了马说："八戒，我饿了，你去找点吃的来吧。"

八戒说："好，您在这儿等着，我马上就去。"说完，扛（káng）着钉耙（dīngpá）去找吃的东西了。

八戒往西走了十多里路，没有看见一户人家。八戒走得很辛苦（xīnkǔ），嘴里叨叨（dāodao）着："师兄在的时候，师父想要什么就有什么。现在轮到（lúndào）我来化斋（huàzhāi），才明白'当家才知柴米价，养子方知父母恩'的意思啊！我到哪儿去找吃的东西呢？"八戒走累了，不想再往前走了。又一想："我要是现在就回去，告诉师父没有地方化斋，他一定不相信我走了这么多的路。我还是过一会儿再回去吧。那我现在做什么呢？咳，就在草丛里睡一会儿吧。"八戒把头拱到（gǒngdào）草里睡着了。本来他只想睡一会儿就起来，但走路走得太辛苦，一躺下就呼呼大睡起来。

八戒去化斋了，唐僧和沙僧在那儿等着八戒回来。他们等啊等啊，等了很长时间八戒也没回来。唐僧着急了："沙僧，眼看太阳就要落山（luòshān）了，咱们得赶快找个地方住下。你快去找找八戒吧，找到他以后，不管找没找到吃的，你们俩都要马上回来。"

"行！"沙僧提着宝杖（bǎozhàng）找猪八戒去了。

沙僧走了以后，唐僧一个人坐在那里觉得有点儿困倦（kùnjuàn），就站起来顺着（shùnzhe）林中的小路随便走走。走着走着，唐僧迷路（mílù）了。他走到了一座宝塔（bǎotǎ）门前，推开门，看见一个披（pī）着黄袍（páo）的妖怪朝里躺（tǎng）着。唐僧立刻退（tuì）了出来。

黄袍怪（guài）听见声音，睁开眼睛，大叫一声："喂，刚才是什么人进来又出去了？"一个小妖怪伸（shēn）头向门外看了看："报告大王，是一个圆头大耳的和尚。"

"快给我带过来！"

小妖们纷纷（fēnfēn）跑出去，七手八脚地把唐僧抬了进来。

黄袍怪坐起来问："你是哪里的和尚？从哪里来？要往哪里去？跟你一块儿的还有什么人？"

唐僧吓得老老实实（lǎolǎo shíshí）地回答了他。

黄袍怪一听高兴极了："哈哈，我正想吃你的肉呢，你就自动送上门来了。小的们，先给我把他捆起来，等我抓到了他的那两个徒弟再来吃他。"小妖们马上把唐僧捆在一根柱子上。

沙僧去找猪八戒，他走了十多里路，忽然听见前边的草丛（cǎocóng）中有人说话，走过去一看，原来是猪八戒正躺在草丛里说梦话（mènghuà）呢。沙僧用力抓住猪八戒的一只耳朵，说："好个呆子（dāizi），师父让你去找吃的，你却躲（duǒ）在这里睡大觉！"八戒疼得直叫，刚想发火，一看是沙僧，马上软（ruǎn）了下来："兄弟，我走了好多路，一点儿吃的也没找到。刚才正想打个盹儿（dǔnr），你就来了。你可千万（qiānwàn）别告诉师父，求求你了！"

"起来，快走！师父正等着我们找住的地方呢。"猪八戒跟着沙僧回到松林里，可是他们的师父不见了，吓得猪八戒和沙僧到处去找。

他们俩找到了那座宝塔。猪八戒在门口大喊："开门！开门！我师父唐僧在不在里边？要是在里边赶快把他送出来，省得（shěngde）你爷爷我动手！"

黄袍怪知道是唐僧的徒弟来找唐僧了。就打开大门，举着大刀和猪八戒打了起来。沙僧怕猪八戒打不过黄袍怪，马上去帮助八戒。三个人打在一起。很难分出（fēnchū）胜败（shèngbài）。打了一阵儿（yí zhènr），八戒累了，对沙僧说："兄弟你先跟妖怪打，我要上厕所。"八戒跑到草丛里，一头钻进去，躲在那儿，再也不出来了。

沙僧和黄袍怪打了一阵儿，沙僧打不过黄袍怪，被黄袍怪捉走了。

八戒躲在草丛里，开始还听得见沙僧和黄袍怪互相打的声音，后来，就慢慢睡着了。八戒这一睡，一直睡到半夜才醒。醒来看看天空，知道是三更了，听听周围一点儿声音也没有，他想："沙僧大概被黄袍怪捉走了，我一个人也救不了他和师父，我还是离开这儿，回高老庄去吧。"

词　语

松林	sōnglín	pine forest
扛	káng	carry (on the shoulder)
钉耙	dīngpá	toothed rake
辛苦	xīnkǔ	fatiguing, wearying, tiring, exhausting with much toil
叨叨	dāodao	to mutter, to grumble
轮到	lúndào	to be somebody's turn to do something
化斋	huàzhāi	to beg for food (with regard to Taoist or Buddhist monks)
拱	gǒng	to burrow
拱到	gǒng dào	to burrow into
落山	luòshān	to set behind the mountains (of the sun)
宝杖	bǎozhàng	a cane decorated with precious stones
困倦	kùnjuàn	sleepy, tired
顺着	shùnzhe	in the direction of
迷路	mílù	to get lost
宝塔	bǎotǎ	pagoda
披	pī	wear
袍	páo	Chinese-style gown or robe

黄袍	huángpáo	yellow robe worn by high-ranking Buddhist monks
躺	tǎng	lie down
退	tuì	to retreat, to move backward
怪(物)	guài(wu)	monster
黄袍怪	huángpáoguài	the monster of the yellow robe(穿着黄袍的怪物)
伸	shēn	to extend
伸头	shēn tóu	to raise one's head
纷纷	fēnfēn	one after another
老老实实	lǎolǎo shíshí	in a frank, straightforward manner
草丛	cǎocóng	thick patch of grass
梦话	mènghuà	sleep-talking
说梦话	shuō mènghuà	to talk in one's sleep
呆子	dāizi	idiot
躲	duǒ	to hide oneself, to avoid, to dodge
软	ruǎn	to soften (one's manner)
盹儿	dǔnr	nap
打盹儿	dǎdǔnr	to take a nap
千万	qiānwàn	absolutely, be sure to (used as an admonition)
省得	shěngde	so as to avoid, lest
分出	fēnchū	distinguish
胜败	shèngbài	victory or defeat
一阵儿	yí zhènr	a brief period of time, for a while

练　习

（一）选择与划线的词语意思相近的解释

1. 唐僧赶走了孙悟空以后，就让八戒在前头开路。

   A. 开头的路　　B. 开始走路

   C. 引路　　D. 让路

2. 沙僧，眼看太阳就要落山了，咱们得赶快找个地方住下。

   A. 用眼睛看　　B. 看到

   C. 眼前　　D. 马上

3. 小妖们纷纷跑出去，七手八脚地把唐僧抬了进来。

   A. 七手或八脚　　B. 许多手和脚

   C. 七手和八脚　　D. 形容好几个人一起动手

（二）请根据课文内容选择恰当的答案

1. 下面哪一项不是黄袍怪问唐僧的问题？

   A. 你从哪儿来

   B. 你要去哪里

   C. 你怎么进来又出去

   D. 跟你一起来的有谁

2. 八戒化不到斋的时候为什么在草丛里睡觉？

   A. 因为八戒困极了。

   B. 因为八戒没化到斋，不敢回去。

   C. 因为八戒走路走得很辛苦，得休息了。

   D. 八戒不想马上去见唐僧，早回去怕唐僧怀疑自己。

3. 下面哪个是八戒没做的？

   A. 对妖怪说孙悟空是唐僧的大徒弟。

   B. 对妖怪叫骂。

C. 钻到草丛里躲着。

D. 睡到半夜才知道沙僧被捉去了。

（三）说一说

1. 唐僧是怎么被黄袍怪抓起来的？
2. 请说一说“当家才知柴米价，养子方知父母恩”的意思。

二十四、唐僧被变成了一只老虎

师父和沙僧都被黄袍怪抓起来了。八戒想收拾（shōushi）收拾行李，回高老庄去。八戒来到了跟师父分别的地方。这儿只有白龙马还被拴（shuān）在树下。八戒刚要走，白龙马忽然说话了："师兄，你不要走。"

八戒没想到白龙马会说话，吓得摔（shuāi）了一跤（jiāo）。他从地上爬起来就想逃走，白龙马一口咬住（yǎozhù）了他的衣服说："哥啊，你不用怕。"

八戒战战兢兢地问："你今天怎么说起话来了？"

"我原来是西海的小龙，当然会说话了。"白龙马回答。

八戒赶忙问："你有什么话要告诉我吗？"

白龙马说："你知道师父又遇大难了吗？"

八戒说："我不知道。"

白龙马说："我在这里听来来往往的人说，黄袍怪用法术把师父变成了一只大老虎，现在正锁在铁（tiě）笼子（lóngzi）里，师兄，你快想办法去救师父吧！"

八戒听完白龙马说的话，想了一会儿，问白龙马："你有地方去吗？"

白龙马说："有地方去，能怎么样？"

八戒说："你有地方去，就赶快走吧。"

白龙马听了八戒的话，咬着八戒的衣服，流着眼泪说："师兄，你可千万不能走啊！"

八戒说："不走怎么办？我一个人打不过黄袍怪，也没有办法救出师父和师弟呀！我还是回高老庄当三女婿去吧。"

白龙马说："师兄啊，你不要这样说，只要你去请一个人来，他就能救出师父。"

八戒问："你叫我去请谁呀？"

白龙马说："你快去花果山，请大师兄孙悟空来，他的本事大，一定能救出师父。"

八戒说："不行，不行！兄弟，我们请别人吧。你还记得吗？前些时候，那猴子打死白骨夫人，是我怂恿（sǒngyǒng）师父念紧箍咒的。我那时候也只是觉得好玩儿，没想到师父真的念起来了，疼得猴子在地上打滚不说，师父还把猴子赶走了。为这件事，不知道猴子有多恨（hèn）我呢！现在我去请他，他一定不愿意来。要是我说的话他不爱听，他用金箍棒打我几下，那我还能活得了吗？"

白龙马说："他是个有仁有义（yǒurén yǒuyì）的美猴王，一定不会打你。你见到他的时候，不要说师父遇难了，只跟他说师父很想念他，只要你把他哄来。他到了这儿，看见师父遇到了这样的大难，他一定会把师父救出来。"

八戒说："好吧，我去。我这次去，如果大师兄愿意来，我就和他一起回来；他如果不来，你也就不用等我了，我也不回来了。"

白龙马说："你去，你快去！大师兄一定能来。"

八戒听了白龙马的话，去花果山请孙悟空去了。

收拾	shōushi	to pack up
拴	shuān	to tie, to fasten
摔	shuāi	to fall, to stumble
摔跤	shuāijiāo	to trip and fall
摔了一跤	shuāi le yì jiāo	fell down, tripped
咬住	yǎozhù	to grip with the teeth
铁	tiě	iron
铁笼子	tiě lóngzi	iron cage
怂恿	sǒngyǒng	to instigate, to incite
恨	hèn	to hate
有仁有义	yǒurén yǒuyì	benevolent and just

练 习

（一）选择与划线的词语意思相近的解释

1. 八戒来到了跟师父<u>分别</u>的地方。

   A. 离别　　B. 辨别

   C. 区别　　D. 各自

2. 白龙马咬着八戒的衣服，流着眼泪说："师兄，你可<u>千万</u>不能走啊！"

   A. 十分　　B. 万千

   C. 很多　　D. 一定

3. 我怂恿师父念紧箍咒，只是觉得<u>好玩儿</u>，没想到师父真的念起来了。

   A. 好好玩儿　　B. 很容易玩

   C. 高兴地玩　　D. 有趣儿

（二）请根据课文内容选择恰当的答案

1. 唐僧又遇到什么大难了？

   A. 唐僧被黄袍怪捆在柱子上了。

   B. 一只老虎把唐僧吃了。

   C. 唐僧被黄袍怪变成了白龙马关在铁笼子里了。

   D. 唐僧被黄袍怪变成了一只老虎关在铁笼子里了。

2. 下面哪一项不是白龙马的想法？

   A. 白龙马认为孙悟空是个有仁有义的美猴王。

   B. 白龙马认为孙悟空的本领很大。

   C. 白龙马认为孙悟空来了就能把师父救出来。

   D. 白龙马认为孙悟空应该打八戒。

3. 猪八戒为什么不想去请孙悟空？

   A. 猪八戒想孙悟空一定很恨自己，所以不敢去。

   B. 猪八戒想让别人去请孙悟空。

C. 猪八戒觉得孙悟空不可能回来。

D. 他觉得路太远。

（三）说一说

1. 白龙马对八戒说了什么？
2. 八戒不太愿意去请孙悟空，为什么？

二十五、猪八戒来请孙悟空

猪八戒听了白龙马的话，去请孙悟空。他驾（jià）着云来到了花果山。这一天，孙悟空正坐在一块高高的大石头上。孙悟空的面前跪着一千多只猴子。猴子们一边磕头，一边喊着：“大王爷爷万岁（wànsuì）！大王爷爷万岁！”

八戒看到这情景，心想：“真了不起（liǎobuqǐ）啊！难怪（nánguài）他不愿意去当和尚，只想回家来。要是我老猪有这么个好地方，也不去当什么和尚了。现在我已经到了这里，怎么办好呢？只能跟他见一见再说了。”八戒想过去见孙悟空，可心里害怕。八戒只好走到那一千多只小猴子们中间，跪在那里，跟猴子们一起向孙悟空磕头。

孙悟空坐在高处，很快发现猪八戒混（hùn）在猴子的队伍（duìwu）里，心想：“他怎么到这儿来了？”就故意大声地问：“下面那个乱磕头的是什么人？快给我带上来！”

猴子们一窝蜂似的（yìwōfēng shìde）把猪八戒连推带拉地弄到了孙悟空的面前。

孙悟空又假装（jiǎzhuāng）不认识他，问：“你是什么人？为什么在这里乱拜？”

猪八戒低着头说：“我和你做了好几年兄弟，你连我都不认识了？”

“把你的头抬起来，让我看看！”

猪八戒把嘴往上一伸：“你看嘛！你如果真不认识我，总该认识这张嘴吧！”

“猪八戒？”孙悟空忍（rěn）不住笑了。

“正是！正是！我是猪八戒。”猪八戒马上跳起来。

“你不跟唐僧去取经，来这儿干什么？是不是你不听师父的话，也让师父赶出来了？”

“不是，不是，师父没有赶我，我来这儿是因为师父想你，他让我来请你回去。”

"他不会请我，也不会想我。那天他对天发了誓，还亲笔写了一张字据，现在怎么会想我呢？"

八戒急忙说："真的是师父想你！"

"他怎么想我？"悟空又问。

"师兄，师父真的好想你呀！"猪八戒继续胡编（húbiān）起来："自从你走后，师父经常骑在马上叫'徒弟'，我有时候没听见，沙僧也不说话，师父就想起你来了，他说我们比起你来差远了。他说，你是一个聪明的人，你在的时候，一叫就应，问一答十。"

孙悟空拉着八戒说："兄弟，你从那么远的地方来，我带你看看这儿的山景去，你就在这儿玩几天吧！"

"猴哥，师父正盼（pàn）着你快点儿回去呢，我这次就不玩了！"

"你来一次不容易，还是看看山景吧！"

八戒不敢再说别的，只好跟着孙悟空往山上走。两个人到了花果山的顶峰（dǐngfēng），看到高大的松树（sōngshù），一层一层的白云，风景真是美极了。

悟空问："兄弟，这里好吗？"

"看师兄说的，比这儿更好的地方，老猪是找不到了。"

两人说笑了一会儿，从山上下来，路边有一些小猴儿，捧着紫色（zǐsè）的葡萄、黄色的梨、红色的大枣（zǎo），还有枇杷（pípa）、杨梅（yángméi）这些新鲜（xīnxiān）水果，跪在路旁，大声叫着："大圣爷爷请用早餐。"

悟空请八戒坐下来一起吃早餐，还对八戒说："你肚子大，能吃，就使劲儿（shǐjìnr）吃吧！"

他们俩吃完了早餐，八戒怕耽误（dānwù）了救唐僧的事情，就急着说："猴哥啊，师父在盼着我们呢，咱们早点儿走吧！"

悟空说："兄弟，我请你再到水帘洞里去玩儿玩儿！"

“谢谢师兄的好意，这次我不去水帘洞玩儿了，咱们还是快去见师父吧！”

“要是你着急，我就不久留你了。我们就在这儿告别吧！”

“猴哥，你真不去见师父吗？”

“我上那儿去做什么？我在这里天不管，地不管，自由自在。我不在这儿玩儿，去当什么和尚？我是不想去了，要去啊，你自己去吧！另外，你回去告诉唐僧：他既然（jìrán）把我赶走了，就（jiù）不要再想我了。”

八戒怕孙悟空，不敢再多说什么，只好点点头告辞（gàocí）了。

词　语

驾	jià	ride on
万岁	wànsuì	long live…; form of address used by subjects to the Emperor
了不起	liǎobuqǐ	remarkable, extraordinary
难怪	nánguài	no wonder
混	hùn	to mix, to mingle
队伍	duìwu	ranks
一窝蜂	yì wō fēng	a whole swarm of bees, also used to mean a crowd of people
似的	shìde	as if, like
一窝蜂似的	yìwōfēng shìde	like a whole hive of bees (descriptive of a large crowd swarming or creating an uproar)
假装	jiǎzhuāng	to pretend
忍	rěn	to control
忍不住	rěnbuzhù	to be unable to keep from (doing something)
胡编	húbiān	to recklessly concoct a story

盼	pàn	to hope for, to long for
顶峰	dǐngfēng	peak, summit
松树	sōngshù	pine tree(s)
紫色	zǐsè	purple
枣	zǎo	jujube, Chinese date (大枣 dried ripe fruit of the jujube)
枇杷	pípa	loquat fruit
杨梅	yángméi	red bayberry
新鲜	xīnxiān	fresh
使劲儿	shǐjìnr	to exert all one's strength
耽误	dānwù	to delay, to hold up
既然……就……	jìrán……jiù……	since…then…
告辞	gàocí	to take one's leave, to say goodbye

练习

（一）选择与划线的词语意思相近的解释

1. 要是我老猪有这么个好地方，也不去当什么和尚了。

   A. 不当和尚　　B. 当什么样的和尚

   C. 不去问为什么当和尚　　D. 不知道去不去当和尚

2. 怎么办好呢？只能跟他见一见再说了。

   A. 再说一遍　　B. 下次说

   C. 说再见　　D. 再想办法

3. 猪八戒把嘴往上一伸："你看嘛！你如果真不认识我，总该认识这张嘴吧！"

   A. 一直　　B. 还是

   C. 非常　　D. 一定

（二）请根据课文内容选择恰当的答案

1. 为了请孙悟空去救师父八戒做了什么？

   A. 八戒告诉他唐僧遇大难了。

   B. 八戒装得很着急。

   C. 八戒逛了水帘洞。

   D. 八戒编了很多谎话。

2. 路边的小猴儿没有捧哪种水果？

   A. 葡萄　　B. 梨

   C. 桃子　　D. 杨梅

3. 猪八戒看到孙悟空在花果山里生活得怎么样？

   A. 比取经辛苦。　　B. 没有取经轻松。

   C. 不如取经神气。　　D. 看起来他吃喝玩乐挺开心的。

（三）说一说

1. 八戒到花果山的时候，看见孙悟空在做什么？
2. 请说一说孙悟空是怎样接待猪八戒的？

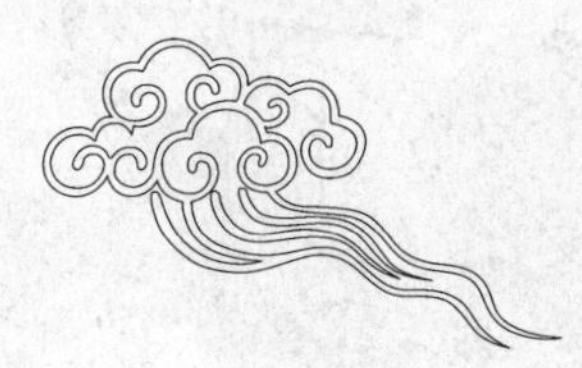

二十六、孙悟空去救唐僧

悟空看八戒往山下走，就派了两个机灵（jīling）的小猴子跟在八戒后面，偷听八戒说些什么。

八戒下了山，刚走了三四里路，回头指着行者，骂了起来："该死的（gāisǐde）养马官儿，不当和尚，做妖怪！你这个猴孙！我好心来请你，你却不回去！不回去算了！"

八戒往前走几步，就骂几句；走几步，又骂几句。那两个小猴子听了，急忙跑回来报告："大圣爷爷，猪八戒在骂你。"

孙悟空很生气，对猴子们说："把猪八戒给我捉回来！"猴子们一听，飞快地追上猪八戒，把猪八戒摔倒，有的抓着鬃（zōng）、有的捏（niē）着耳朵、有的拉着尾、有的揪（jiū）着毛，一块儿把猪八戒抓了回来，让他跪在孙悟空面前。

孙悟空坐在宝座上，问猪八戒："你这呆子！走就走吧，为什么要骂我？"

"猴哥，我没骂你，谁要是骂你，就烂（làn）舌头。刚才，我只说猴哥不去，我就回去告诉师父。我哪儿敢骂你！"

"你怎么能骗得了我？我左耳朵往上一动，就能听见三十三层天上的人说话，右耳朵往下一动，就能听见地下十层的阎王（Yánwang）和判官（pànguān）算账。刚才你一边走一边骂我，我听得清清楚楚。"

"猴哥，你一定是又变成什么小动物，跟着我了。"

孙悟空对下面的小猴子们喊道："拿棍子来！先给他二十大棍！"

八戒吓得磕着头说："猴哥，你看在师父的面上，饶了我吧！"

悟空看八戒可怜（kělián），就说："好吧，你老实告诉我，唐僧在哪儿？是不是遇到了危险（wēi xiǎn）？"

"猴哥，师父没有遇到危险，只是很想你。"

悟空看八戒还不说真话，又生起气来，说："八戒呀八戒，你怎么还骗我？我老孙身回水帘洞，心还跟着师父走呢。我知道师父去西天取经一定每一步都有危险。师父现在在哪儿？遇到了什么危险，你快告诉我！要是老实告诉我，就免（miǎn）打你二十大棍！”

八戒只好把师父被黄袍怪抓走，又被黄袍怪变成老虎，以及小白龙让他来请大师兄的事儿，从头说了一遍。

“你这呆子！我离开师父的时候说：‘如果有妖怪捉住师父，你就说老孙是他大徒弟。’你怎么不说呢？”

八戒心想：“让我来激（jī）他一下。”就说：“猴哥，我不提你还好点儿，一提起你，那妖怪更无礼了。”

“怎么无礼？”悟空问。

我说：“妖怪，你别害我师父！我还有个大师兄，叫孙悟空，他神通广大（shéntōng guǎngdà），最能抓妖怪。要是他来了，叫你死了都没地方埋（mái）！那妖怪听了你的名字，却骂了起来：‘什么孙悟空，我才不怕他呢！他要是敢来，我剥（bāo）了他的皮，抽了他的筋（jīn），啃（kěn）了他的骨头，吃了他的心……’”

孙悟空一听，气得跳了起来：“是谁敢这样骂我？”

“猴哥，别生气，是那个黄袍怪这样骂你的。”

“兄弟，别跪着了，快起来，我马上和你一起回去！妖怪敢这样骂我，我一定得去报仇，报完仇，我再回花果山。”

“猴哥，你说得对，这个仇非（fēi）报不可（bùkě）。报了仇以后，你回不回来，那就看你的意思了。”

花果山的猴子们听说大圣又要去保护唐僧，都跑来拦住：“大圣爷爷，别再去了，别再去了！”

悟空对猴子们说：“我保护唐僧是件大事。天上地上，都知道孙悟空是唐僧的徒弟。你们都好好地看家，等我取经回来，还和你们一起玩儿。”

孙悟空说完就和猪八戒跳上白云，离开花果山，救师父去了。

词 语

机灵	jīling	clever, smart
该死的	gāisǐde	damn (or similar expression indicating disgust, resentment or complaint)
鬃	zōng	long neck hair of a pig or horse
捏	niē	to pinch
揪	jiū	to grasp firmly
烂	làn	rotten
烂舌头	làn shétou	tongue to be rotten because of gossip
阎王	Yánwang	Yama, the King of Hell (in Buddhism)
判官	pànguān	the judges of purgatory or hell
可怜	kělián	pitiful, wretched
危险	wēixiǎn	danger, peril
免	miǎn	to avoid; to be excused from or exempt from
激	jī	to prod, to goad
神通广大	shéntōng guǎngdà	omnipotent
埋	mái	to bury
剥	bāo	to peel
剥皮	bāopí	skin; peel off the skin (of somebody or of an animal)
筋	jīn	muscle, tendon
抽筋	chōujīn	to pull a tendon
啃	kěn	to gnaw
非……不可	fēi……bùkě	非 + verb or verb phrase + 不可 must (have to) + verb or verb phrase; in this context: to have to take revenge

（一）选择与划线的词语意思相近的解释

1. 派了两个机灵的小猴子跟在八戒后面，听八戒说些什么。

   A. 和　　　　B. 同

   C. 一起　　　D. 跟着

2. 猴哥，你看在师父的面上，饶了我吧！

   A. 手面上　　B. 脸上

   C. 表面上　　D. 情面

3. 猴哥，我不提你还好点儿，一提起你，那妖怪更无礼了。

   A. 拿着　　　B. 提着

   C. 抓着　　　D. 说

（二）请根据课文内容选择恰当的答案

1. 孙悟空想打猪八戒多少棍？

   A. 三四棍　　B. 十棍

   C. 三十三棍　D. 二十棍

2. “我老孙身回水帘洞，心还跟着师父走呢”的意思是：

   A. 我虽然回到了水帘洞，但是心里一直在想念着师父。

   B. 我虽然回到了水帘洞，但是心里还有点生气呢。

   C. 我回到了水帘洞，但是心情还没好起来呢。

   D. 我的身体虽然回到了水帘洞，但是我用法术让心跟着师父走呢。

3. 孙悟空对花果山里的猴子们说，保护唐僧去取经是因为：

   A. 这是作为齐天大圣应该做的事。

   B. 这是天上地下的一件大事。

   C. 是答应观音菩萨的事。

   D. 是要去跟妖怪报仇。

（三）说一说

1. 孙悟空为什么派小猴子跟在猪八戒的后面？
2. 请说一说八戒为什么要激孙悟空？八戒是怎么激怒孙悟空的？

二十七、孙悟空救出了唐僧

孙悟空和猪八戒离开花果山，飞过东海，来到西岸（àn）。悟空对八戒说："兄弟，你慢慢往前走，我下海去净净身子。"

八戒说："快点儿走吧，净什么身子？"

悟空回答："你哪里知道，我回来这些日子，弄得身上带了股臭气。师父是个爱干净的人，恐怕（kǒngpà）他会嫌弃（xiánqì）我。"

八戒听了这些话，才真正明白行者对师父是一片真心。

悟空洗完澡和八戒一起又飞了一阵，看见下面有一座放光的宝塔。八戒说："那就是黄袍怪住的地方。"

孙悟空和猪八戒从空中下来，找到黄袍怪。妖怪见了孙悟空，愣了一下说："我们好像在哪儿见过面，可一时想不起你的名字。你是谁，从哪儿来的？"

"我是唐僧的大徒弟孙悟空。"

妖怪说："没那事！没那事！我抓住唐僧时，他只说有两个徒弟，一个叫猪八戒，一个叫沙僧，从没有说过有个姓孙的。你是从哪儿来的妖怪？到这儿来骗我！"

"你捉住唐僧的时候，我回花果山去了。听说师父被你伤害（shānghài），我怎么能不来救他呢？"孙悟空又说："今天到了你家，你还不好好招待（zhāodài）我，快把你的头伸过来，让老孙打一棒！"

妖怪听说要打，哈哈大笑："要说打，我这里大大小小的妖怪有上百个，你就是满身是手，也别想跑出我的大门。"

悟空说："别说几百，就是几千、几万，也叫他们一个不留！"

妖怪听了，气得把洞里洞外的小妖们一齐叫来，朝着孙悟空就打。悟空叫了一声："变！"变出了三个头六只手，他的金箍棒也变成了三根。孙悟空拿着三根金箍棒打过去，就像老虎进了羊群（yángqún），把那些小妖怪打得死的死，逃的逃。

黄袍怪看了，也举起宝刀，朝悟空的头上砍。他们俩从洞里打到洞外，从山下打到山顶。悟空突然用金箍棒往黄袍怪头顶重重打了一下，打得黄袍怪不见了踪影（zōngyǐng）。悟空感到奇怪："怎么那么不禁（jīn）打，打了一下儿怎么就不见了呢？要是打死了，也应该流一些血，为什么没留下一丝（sī）踪迹（zōngjì）呢？"孙悟空猜想妖怪一定是逃跑了。

悟空想："那妖怪刚才说有点儿认得我，肯定是从天上来的，我到天上找找。"悟空一个跟头，跳到南天门，把事情告诉了玉皇大帝。玉皇大帝派人去查，原来那妖怪是孙悟空大闹天宫（tiāngōng）时被孙悟空打怕了的一个天将。

玉皇大帝对悟空说："我决定叫他去给太上老君烧火，要是干得好，还可以当天将，要是干得不好，就再加重处罚（chǔfá）。"

孙悟空看玉皇大帝这样处理（chǔlǐ），心里很满意。他告别了玉皇大帝，驾着云回来了。

孙悟空找到猪八戒，他们先救出了沙僧。然后三个人一起去找唐僧。他们来到装着一只老虎的铁笼子旁边。别人看起来，笼子里关的是一只老虎，但孙悟空一眼就认出那是自己的师父。悟空走过去，打开笼子的铁锁（tiěsuǒ）说："师父啊，以前我为了保护您，打死了妖怪，您说我行凶（xíng xiōng），还把我赶走，现在妖怪把您变成老虎了吧！"

八戒说："猴哥啊，先救救师父吧！"

悟空说："你是师父的好徒弟，你不救他，怎么叫我来救？我跟你说过，等我捉住了妖怪，报了骂我的仇，我就回花果山去了。"

沙僧走过来，跪下说："猴哥，要是我们能救，也不敢大老远去把你请来呀！你还是快点救救师父吧！"

悟空拉着沙僧的手说："我只是想说说八戒，哪有不救师父的道理？快拿水来！"

八戒赶忙拿来一杯水，递（dì）给悟空。只见悟空念了几句咒语，喝了一口水，向着老虎喷过去，很快退了妖气，让唐僧回到了原形。又过了一会儿，唐僧清醒（qīngxǐng）过来了，睁开眼睛，认出站在自己身边的是孙悟空，就一把拉住他，说："悟空，你从哪里来?"

沙僧就把八戒去花果山请孙悟空，孙悟空打走妖怪，救师父的经过说了一遍。

唐僧听了感动地说："悟空，多亏（duōkuī）你了！这次到西天取经，你的功劳（gōngláo）第一。"

孙悟空笑着说："别说了！别说了！只要师父不念那紧箍咒就是对我最大的爱护（àihù）了。"听了他们的对话，沙僧和八戒也都笑了。

第二天，唐僧师徒又踏（tà）上了取经的道路。

词语

岸	àn	bank of a river
西岸	xī'àn	the west bank of river
恐怕	kǒngpà	to fear
嫌弃	xiánqì	to dislike and avoid , to shun
伤害	shānghài	to injure, to hurt
招待	zhāodài	to receive or entertain guests
羊	yáng	sheep
羊群	yángqún	flock of sheep
踪影	zōngyǐng	trace, sign
禁	jīn	to endure; to stand
丝	sī	trace, tiny bit
没留下一丝踪迹	méi liúxia yì sī zōngjì	not even a trace is left
天宫	tiāngōng	heavenly palace
处罚	chǔfá	to punish, punishment
处理	chǔlǐ	to deal with (a situation)

铁锁	tiěsuǒ	iron lock
行凶	xíngxiōng	to commit murder
递	dì	to hand over
清醒	qīngxǐng	to regain consciousness
多亏(你)	duōkuī (nǐ)	thanks to (you)
功劳	gōngláo	meritorious deeds, credit, service
爱护	àihù	loving care
踏上(……的道路)	tà shàng (……de dàolù)	to start (on a journey)

练　习

（一）选择与划线的词语意思相近的解释

1. 我们好像在哪儿见过面，可一时想不起你的名字。

   A. 一下子　　B. 一小时

   C. 一段时间　　D. 刚才

2. 猴哥，要是我们能救，也不敢大老远去把你请来呀。

   A. 有点远　　B. 不太远

   C. 不近　　D. 很远

3. 沙僧就把去花果山请孙悟空，孙悟空打走妖怪，救师父的经过说了一遍。

   A. 通过　　B. 到过

   C. 路过　　D. 过程

（二）请根据课文内容选择恰当的答案

1. 孙悟空为什么要下海净净身子？

   A. 因为正好路过东海。

   B. 因为他爱干净。

C. 因为他觉得不用太着急。

D. 因为他马上要见到师父，师父爱干净。

2. 唐僧夸奖孙悟空什么了？

A. 你从哪儿来？　　B. 你很听话。

C. 你的功劳第一。　　D. 谢谢你救我。

3. 沙僧和八戒为什么都笑了？

A. 因为他们也安全了。

B. 因为他们俩看到孙悟空救出了唐僧很高兴。

C. 因为他们俩听到唐僧夸奖孙悟空了。

D. 因为看到唐僧和孙悟空很高兴，他们俩也很高兴。

（三）说一说

1. 玉皇大帝是怎样处罚黄袍怪的？

2. 悟空为什么说只要师父不念紧箍咒就是对他最大的爱护了？

二十八、唐僧被红孩儿抓走了

孙悟空又回到唐僧的身边，他在前面引路（yǐnlù），八戒牵着马，沙僧挑着行李。师徒四人一心一意（yì xīn yí yì）去西天取经。

唐僧和徒弟们一直向西走，这天他们来到一座高山前面。山上长着很多树。忽然，他们看见空中有一朵红色的云，一会儿，这红云变成了一个大火球。悟空想可能是妖怪来了，他马上把唐僧从马上拉了下来，叫八戒和沙僧一块儿保护好师父。

这朵红云和大火球真的是一个妖怪变的。这个妖怪也想吃唐僧的肉，正在这儿等着抓唐僧呢。可是，现在三个徒弟把唐僧紧紧地围（wéi）在中间，妖怪没办法下手。妖怪想了想，又把自己变成了一个六七岁的小孩儿，光着身子，用绳子捆住自己，吊（diào）在树上，然后大声喊叫着："救命啊！救命啊！"

唐僧听见喊叫声，想让孙悟空去救人。

孙悟空说："师父，这山里哪儿有人啊？咱们快走吧！"

走了一会儿，他们又听见更大的喊叫声："救命啊！救命啊！"

孙悟空说："师父，别理他，那一定是妖怪！"

唐僧说："不行，我们一定得去看看。"他们过去一看，看见一棵树上倒吊着一个光（guāng）屁股（pìgu）的小孩儿，正在大声喊叫着。

唐僧对孙悟空说："你看，这不是一个孩子吗？你怎么说他是一个妖怪呢？快把他救下来！"孙悟空怕师父念紧箍咒，只好去把那小孩儿救了下来。

这个光屁股的小孩儿就是妖怪，他的名字叫红孩儿。孙悟空把他救下来以后，他哭着一定要孙悟空背（bēi）他。当着（dāngzhe）师父的面（miàn），悟空不得不背他。走了一会儿，悟空想趁（chèn）师父不注意的时候，摔死妖怪。妖怪猜到（cāidào）了悟空的想法，跳到空中变成了一道红光，又作了个法术，刮起了一阵狂风（yí zhèn kuángfēng）。狂风刮得八戒不敢抬头，沙僧用袖子挡着脸。悟空看妖怪作了法术，就马上去保护师父。可是，只看见八戒牵着白龙马站在那儿，坐在马背（mǎbèi）上的师父却不见了。

八戒、沙僧、孙悟空一看师父不见了都很着急。他们找了很多地方也没找到。悟空心里着急，把身体一摇，变成了三个头，六只胳膊；又把金箍棒晃了晃，变成了三根。这个三头六臂（sān tóu liù bì）的孙悟空，拿着三根金箍棒，一边往前走，一边往地上打。

八戒对沙僧说："沙和尚，不好了。师兄找不着师父，气得发疯（fāfēng）了。"

悟空一边打，一边喊："山神、土地神，你们快出来！"

"来了！""来了！"山神和土地神答应着跑过来。

悟空看山神和土地神都来了，就问："你们快说！这山上有多少妖怪？"

山神马上说："大圣啊，这山里只有一个妖怪，他可厉害了。不过（búguò），你可能认识他爸爸，他爸爸叫牛魔王（Niú Mówáng）。"

土地神也说："大圣，这个妖怪就住在山上那个火云洞里，他叫红孩儿。他在火焰山（huǒyànshān）练了三百年的武艺，到这儿后常常做坏事。"

悟空听完山神和土地神的话，就让他们回去了。自己也变回了原来的样子。

悟空对八戒和沙僧说："兄弟们放心。妖怪和老孙是亲戚（qīnqi），不会伤害师父的。"

八戒笑着说："猴哥，不要骗人。从花果山到这儿隔（gé）着千山万水，你怎么能和他是亲戚呢？"

悟空说："五百年前，老孙跟牛魔王曾结为（jiéwéi）兄弟。因为我个子小，他个子高，我叫他大哥。这红孩儿小妖是牛魔王的儿子，论（lùn）起辈儿（bèir）来，是我的侄子，他怎么敢害我师父？"

沙僧说："猴哥，俗话（súhuà）说'三年不上门，是亲也不亲'啊！你们已经五百年没有来往了，他还认什么亲戚呢？"

悟空说："那咱们就走快点儿吧！"

悟空、八戒和沙僧快步向火云洞走去。

引	yǐn	lead; induce
引路	yǐnlù	to lead the way
一心一意	yì xīn yí yì	with one heart and one mind, heart and soul, wholeheartedly
围	wéi	to surround, to encircle, to defend, to guard
吊	diào	to hang
光$_2$	guāng	bare, naked
屁股	pìgu	buttocks, bottom, backside
光屁股	guāng pìgu	stark naked
背	bēi	carry on one's back
当着……的面	dāngzhe……de miàn	in the presence of
趁	chèn	to take advantage of
猜到	cāidào	guess (correctly)
一阵狂风	yí zhèn kuángfēng	a violent gust of wind, a blast of wind
马背	mǎbèi	horseback
三头六臂	sān tóu liù bì	three heads and six arms
发疯	fāfēng	go crazy
不过	búguò	however, nevertheless
牛魔王	Niú Mówáng	personal name; (Buddhist) King of the Devils; Bull Demon King
火焰山	huǒyànshān	fiery mountains

亲戚	qīnqi	relative(s)
隔	gé	at a distance from, is separated by
结为	jiéwéi	to enter into a specified relationship
论	lùn	regarding; in terms of
辈儿	bèir	generation
俗话	súhuà	proverb, saying

练　习

（一）选择与划线的词语意思相近的解释

1. 现在三个徒弟把唐僧紧紧地围在中间，妖怪没办法<u>下手</u>。
   A. 助手　　B. 放下手里的东西
   C. 放下手　　D. 动手
2. 妖怪又把自己变成了一个六七岁的小孩儿，<u>光着身子</u>。
   A. 身上光滑　　B. 身上光亮
   C. 身体很好　　D. 全身不穿衣服
3. 从花果山到这儿隔着<u>千山万水</u>，你怎么能和他是亲戚呢？
   A. 很多美丽的山水风景　　B. 一千座山一万条河
   C. 道路很远也很危险　　D. 很长很长的时间

（二）请根据课文内容选择恰当的答案

1. 下面哪一项不是红孩儿作的法术？
   A. 一朵红云　　B. 一道红光
   C. 一个红火球　　D. 一阵红风
2. 红孩儿练过多少年武艺？
   A. 六七年　　B. 三年
   C. 三百年　　D. 五百年

3. 孙悟空为什么说红孩儿是他的侄子？

A. 因为红孩儿是悟空哥哥的儿子

B. 因为红孩儿是悟空弟弟的儿子

C. 因为红孩儿是悟空结拜哥哥的儿子

D. 因为红孩儿是悟空结拜弟弟的儿子

（三）说一说

1. 唐僧是怎样被红孩儿抓走的？

2. 红孩儿为什么要抓唐僧？孙悟空为什么说红孩儿不会伤害师父？

二十九、孙悟空去请龙王

孙悟空、猪八戒和沙和尚走了一百多里路，找到火云洞。悟空让沙僧看着马和行李，自己和猪八戒来到了洞口。他们看见洞口有一些小妖怪正在练武，悟空大喊了一声："喂！快去告诉你们的大王，叫他把我们的师父唐僧送出来！"小妖听了急忙回洞报告去了。

红孩儿把唐僧捉到洞中，脱光（tuōguāng）了唐僧的衣服，正准备把唐僧放到笼屉（lóngtì）里蒸（zhēng）着吃呢。

忽然一个小妖从外面跑进来大声说："大王，有个毛脸的和尚和一个长嘴、大耳的和尚在门口大喊，叫你快把他们的师父唐僧送出去。"

红孩儿听完，就让小妖们把洞门打开，推着五辆小车，冲（chōng）出门来，大叫着："你们是什么人，敢在我这里大闹？"

悟空走过来笑着说："红孩儿，好侄子，快把我的师父唐僧送出来吧！"

红孩儿一听就火（huǒ）了："你这个猴头，别胡说（húshuō）！谁是你的侄子？"

悟空说："你是不知道啊，当年我和你父亲做弟兄时，你还不知道在哪儿呢！"

"你这猴子，别胡说八道（hú shuō bā dào）了，你是从哪里来的，怎么能跟我父亲做弟兄呢？"

悟空说："我是五百年前大闹天宫的齐天大圣——孙悟空，曾经和你父亲牛魔王结为兄弟。那时，你还没出生呢！"

红孩儿听了，一点儿也不相信，他举起火枪（huǒqiāng）朝孙悟空打过来。悟空也只好拿出金箍棒，两个人打了起来。打了一阵子，红孩儿觉得打不过悟空，忽然不打了。他跳到那五辆小车中间的一辆上，用拳头（quántou）往自己的鼻子上打了两拳（quán）。

悟空还没明白红孩儿为什么自己打自己，就看见红孩儿的鼻子里冒（mào）出了黑烟，嘴里喷出了大火，那五辆小车也一块儿往外喷火。火云洞门口成了一片火海。

八戒一看，吓得说："猴哥啊，不好了，快走吧！"说完，他就自己跑走了。

悟空钻进火海去找红孩儿，红孩儿看悟空追过来，又喷了几口大火。悟空在烟火中看不清路，只好跳出火海。红孩儿看见悟空也走了，就收了火，带着小妖们回洞里去了。

悟空回到沙僧看行李的地方时，八戒正在和沙僧说红孩儿放火的事情。沙僧说："猴哥，那妖怪没有什么武艺，只会放火，我们能不能想个办法，用水去灭（miè）了他的火？"

悟空听了，一拍脑袋（yì pāi nǎodai）说："对，对！你们俩在这里等着，不要去跟妖怪斗，我去东海求龙王来帮忙，用水来灭火，捉住那妖怪。"

八戒、沙僧都赞成（zànchéng）去请东海龙王。悟空翻起跟头云，向东海飞去。东海龙王听说大圣到了，马上出门迎接。悟空进了龙宫，龙王一边请大圣喝茶，一边问："大圣好久没来了，今天怎么有空来这里玩呢？"

悟空把在火云洞遇到红孩儿的事说了一遍。龙王说："大圣，你先坐一会儿，等我把兄弟们找来，一块儿去帮助你。"

东海龙王叫两个士兵敲起金钟（jīn zhōng）和铁鼓（tiě gǔ）。很快，南海龙王、北海龙王、西海龙王都来了。

悟空又把来这儿的目的（mùdì）说了一遍。龙王们就带着士兵跟着孙悟空出发（chūfā）了。

词　语

脱光	tuōguāng	to completely take off
笼屉	lóngtì	food steamer
蒸	zhēng	steaming
冲	chōng	to rush

冲出	chōngchū	to burst out of, rush out of
火	huǒ	to become angry
胡说	húshuō	to talk nonsense
胡说八道	hú shuō bā dào	to talk nonsense
火枪	huǒqiāng	firelock (a special weapon used in ancient)
拳头	quántou	a fist
拳	quán	a classifier for a punch with the fist
冒	mào	to emit, to give off
灭	miè	to extinguish
一拍脑袋	yì pāi nǎodai	to hit the head in sudden recognition of a fact
赞成	zànchéng	to approve of, to be in favor of
金钟	jīn zhōng	gold bell
铁鼓	tiě gǔ	iron clappers
目的	mùdì	purpose; aim; goal; objective; end
出发	chūfā	to set out; depart; start a journey

（一）选择与划线的词语意思相近的解释

1. 红孩儿一听就火了。

A. 着火　　B. 喷火

C. 上火　　D. 发火

2. 你是不知道啊，当年我和你父亲做弟兄时，你还不知道在哪儿呢。

A. 这年　　B. 去年

C. 你出生那年　　D. 我和你父亲结为弟兄的那时候

3. “猴哥啊，不好了，快走吧！”说完，他就自己跑走了。

A. 跑和走 B. 走了

C. 逃跑了 D. 一会儿跑一会儿走

（二）请根据课文内容选择恰当的答案

1. 毛脸的和尚指的是谁？

A. 猪八戒 B. 沙和尚

C. 唐僧 D. 孙悟空

2. 用水灭火的这个办法是谁想出来的？

A. 孙悟空 B. 沙僧

C. 沙僧和孙悟空 D. 沙僧和猪八戒

3. 孙悟空请来了谁帮助灭火？

A. 东海龙王和西海龙王

B. 东海龙王和南海龙王

C. 东海龙王和北海龙王

D. 东海、南海、西海、北海的龙王

（三）说一说

1. 唐僧在火云洞里怎么样了？

2. 红孩儿用了哪些办法来打孙悟空？

三十、猪八戒去请菩萨

龙王们跟着孙悟空来到火云洞的上空。悟空对四位龙王说："你们停在空中，我先跟红孩儿去打，不管输赢（shū yíng），你们都别来帮我。等到红孩儿放火的时候，你们听到我的喊声，就一块儿喷水。"

龙王们一边点头一边说："明白了，明白了！"

悟空先回到松林，告诉八戒和沙僧，自己已经请来了龙王。然后，到火云洞门口大喊："妖怪，你快出来！"

门口的小妖马上进洞里报告："孙悟空又来了！"

红孩儿抬头笑着说："这次我非把那猴子烧死不可！"他叫小妖们推出小车，自己拿着火枪，跟在后面。

悟空看见红孩儿出来了，就喊道："快把我师父送出来！"

红孩儿说："这是不可能的！我还得用他下酒呢！"

悟空气极了，朝着红孩儿打过去。红孩儿打不过悟空，就又跳到了小车上，用拳头打了几下自己的鼻子，鼻子里马上冒出黑烟，嘴里喷出大火，那五辆小车上也烟火乱飞。

悟空大喊："龙王，快下雨！"

龙王们听到悟空的声音，立即往大火里喷水。可是尽管（jǐnguǎn）雨水像破了口的江河似的，也灭不了（bùliǎo）红孩儿的大火。相反，火越（yuè）来越大。那是因为，龙王的雨水只能浇灭平常（píngcháng）的火，浇不灭妖怪的火。

悟空看到龙王的雨水没办法灭红孩儿的大火，非常着急。他钻进火中，举起金箍棒朝红孩儿打去，红孩儿朝孙悟空的脸喷了一口浓烟（nóngyān）。悟空的眼睛不怕火，就怕烟，现在悟空被浓烟一熏（xūn），什么也看不清，眼泪像雨点儿一样流了下来。红孩儿又朝悟空喷了两口浓烟。悟空没有办法，只好从火海里跑了出来。红孩儿看孙悟空跑走了，就收了火，回洞里去了。

悟空跳到空中，对四位龙王说："谢谢你们从那么远的大海过来帮我。虽然（suīrán）我们没有赢，但是（dànshì）你们也受

(shòu) 了不少累 (lèi)，现在你们回去吧，以后我再去答谢 (dáxiè) 你们。”龙王们就带着士兵回大海去了。

悟空回到八戒、沙僧等着他的地方。悟空的眼睛被刚才的浓烟熏得不停地流眼泪。沙僧说：“猴哥，别着急，我们还是请一个更有本事的人来帮我们救师父吧。”

悟空说：“老孙在天上时，那些天兵天将都不是我的对手，找他们没有用。这次要请一个比老孙本事更大的。我想，得上南海找观音菩萨才行。可是，我的眼睛被烟熏成这个样子，怎么办呢?”

八戒说：“师兄，现在该怎么办? 你就说吧! 要不然，我去请观音菩萨，怎么样?”

悟空高兴地说：“好，你去吧。看见菩萨你要磕头，跪着拜一拜。等她问你时，你就把妖怪的名字、地址告诉她，请她来救师父。”

八戒听完，跳上白云，向南去了。

输赢	shū yíng	to win or lose
尽管	jǐnguǎn	even though
不了	bùliǎo	verb + 不了：could not + verb
灭不了	miè bùliǎo	could not extinguish
越……越……	yuè……yuè……	increasingly, more and more
平常	píngcháng	ordinary
浓烟	nóngyān	thick smoke
熏	xūn	to make the air be blackened by smoke
虽然……但是……	suīrán……dànshì……	even though…still…

受累	shòu lèi	to be put into much trouble (or become involved) for the sake of somebody else
答谢	dáxiè	to express one's gratitude

（一）选择与划线的词语意思相近的解释

1. 红孩儿说："这是不可能的！我还得用他下酒呢！"
   A. 放进酒里　　B. 倒酒
   C. 把酒喝完　　D. 喝酒的时候吃
2. 老孙在天上时，那些天兵天将都不是我的对手，找他们没有用。
   A. 指对方　　B. 朋友
   C. 帮手　　D. 本领相当的人
3. 八戒说："师兄，现在该怎么办？你就说吧！要不然，我去请观音菩萨，怎么样？"
   A. 否则　　B. 不过
   C. 要么　　D. 要是

（二）请根据课文内容选择恰当的答案

1. 第一段中的"不管输赢"是什么意思？
   A. 输了　　B. 赢了
   C. 没输也没赢　　D. 输了或者赢了
2. 下面哪一项不是龙王们用水灭火的结果？
   A. 火小了一些。　　B. 火更大了。
   C. 火越来越大了。　　D. 像火上浇了油。
3. 孙悟空的眼睛为什么一直流眼泪？
   A. 因为龙王们不能灭红孩儿的火。
   B. 为救师父的事情着急难过。

C. 被火烧的。

D. 被浓烟熏的。

（三）说一说

1. 龙王们是从哪儿来的？他们灭火灭得怎么样？
2. 孙悟空救不出师父，是因为他的本领不如红孩儿吗？

三十一、孙悟空去找猪八戒

HAHA!!!

红孩儿赢了孙悟空以后回到洞里。他想马上把唐僧放到笼屉上蒸，可是他怕孙悟空又回来找麻烦（máfan），就对小妖说："你们把洞门打开，我出去再看看孙悟空在哪儿。"妖怪跳到半空中，往四下一看，看见猪八戒正往南走。妖怪心想："猪八戒去南边干什么呢？南边不是他们要去的地方，八戒一定是请观音菩萨去了。这样吧，我去骗他一下。"

红孩儿走了一条近路，很快就走到了八戒的前边。红孩儿把自己变成菩萨的样子，朝八戒喊："八戒，去哪儿啊？"

八戒正着急地往南走，忽然听见前面有人喊自己的名字，一看是观音菩萨，八戒又惊又喜，马上停下来，跪在那里说："菩萨，弟子给您磕头了！"

"菩萨"问："你不保护唐僧去取经，到这里来干什么？"

八戒把路上遇到红孩儿，师父被妖怪捉走的事说了一遍。

"菩萨"听了，笑着说："你起来吧。我认识那红孩儿，你跟我到他的洞里去，我让他把唐僧还给你。"

八戒说："菩萨，他如果愿意还我师父，就是让我给他磕一个头也行。"

"菩萨"说："你跟我走吧！"

假菩萨把八戒骗进洞里，马上现了原形，这时候八戒才知道上了当（shàngdàng），气得不停地骂。

悟空和沙僧等了半天，八戒还不回来。悟空想："八戒一定是在半路上出了事儿，我到火云洞去打听打听。"悟空让沙僧留下来，自己变成一只小飞虫向火云洞飞去。

悟空一飞进火云洞，就听见了八戒的骂声，才知道八戒真上了红孩儿的当，让红孩儿抓到洞里来了。

孙悟空想："我怎么救八戒出去呢？"忽然听见红孩儿正在叫几个小妖去请牛魔王来这儿，一块儿吃唐僧的肉。悟空一想："牛魔王的样子我还记得，我也来骗骗红孩儿吧！"想到这儿，他飞出了火云洞。

悟空飞到去请牛魔王的小妖们前边。他把自己变成了牛魔王的样子，又拔下几根毛，变成几个小妖。悟空带着这些小妖假装在山上打猎（dǎliè）。

红孩儿派来的小妖看见悟空变的牛魔王，吓了一跳。一齐跪下说："爷爷！我们是火云洞大王派来的，大王请您去火云洞吃唐僧的肉。"

"牛魔王"说："好，好，孩儿们起来吧，你们先跟我回家，等我换一换衣服再去吧！"

小妖们磕着头说："您不用换衣服了，大王请您快点儿去呢。"

"牛魔王"笑着说："好，好，我跟你们去。你们快在前边带路吧！"

悟空和小妖怪们到火云洞的时候，红孩儿已经高高兴兴地站在洞口迎接了。悟空进了洞，坐在中间的宝座上。红孩儿跪在下面磕着头说："父王，孩儿给您行礼了。"

"牛魔王"说："我的儿，你起来吧！"

红孩儿站起来说："父王，孩儿昨天把唐僧抓来了，听人说，吃一块他的肉，就能长生不老。孩儿把父王请来，就是为了一起吃唐僧的肉。"

"牛魔王"假装吃了一惊，说："孩儿，是哪个唐僧？"

红孩儿回答："就是那个去西天取经的和尚。"

"孩儿，是那个孙悟空的师父吗？"

红孩儿回答："就是。"

"牛魔王"摇着头，摆着手说："别惹（rě）他，别惹他！你还不认识那猴子，那猴子神通广大，变化多端（biànhuà duōduān）。你怎么敢吃他的师父？快把唐僧送出去还给他吧！"

红孩儿说："不用怕，我用三昧真火（Sānmèi Zhēnhuǒ）就把那猴子打跑了。"

"孩儿啊，你只知道用三昧真火，不知道他会七十二种变化。"

"无论（wúlùn）他怎么变化，我也（yě）认得。他是没有办法进我这大门的。"

"我的儿啊，他要是变成狼（láng）、变成大象（dàxiàng），当然进不来。他要是变成小虫子，你就很难认得他了。"

"无论（wúlùn）他变成多么小的东西，我这里的每一道门，都（dōu）有四五个小妖把守（bǎshǒu），他怎么进得来？"

"你是不知道。他会变苍蝇（cāngying）、蚊子（wénzi），或者蜜蜂（mìfēng）、蝴蝶（húdié）什么的，还会变我的模样，你哪里能认得？"

听了这些话，红孩儿觉得这个人的样子、动作很像父王，可是说出来的话不像。于是，他抽身（chōushēn）走出去，问那几个去接父王的小妖："老大王是从哪儿请来的？"

小妖们回答："是半路上请来的。"

红孩儿问："我说你们回来得怎么那么快呢，你们没到老大王的家里去吗？"

小妖们回答："没有。"

红孩儿说："这个老大王可能是假的。"说完他转身回到里面，又对孙悟空行了个礼。

悟空说："孩儿，起来吧！你有什么话只管（zhǐguǎn）说。"

红孩儿说："我前天到天宫去玩儿了一趟，碰上了天师。天师想给我算算命（suànmìng），他问我是哪年、哪月、哪日、哪时出生的。我只知道年、月、日，请父王告诉孩儿我是几时出生的吧。要是下次再碰上天师，就能请他给孩儿算命了。"

这个问题把孙悟空难住（nánzhù）了。可是，悟空还是笑眯眯地回答："孩儿，我老了，一时（yìshí）想不起来了，明天回家，问问你母亲就知道了。"

红孩儿说："父王，您常常把我的生辰八字（shēngchén bāzì）

挂在嘴边儿，还经常对我说，我有同天不老之寿，怎么今天就忘了呢，岂有此理（qǐyǒu cǐlǐ）！一定是假的！”

红孩儿认出了孙悟空，就朝孙悟空打来。悟空对红孩儿说：“我的儿啊，你真不懂事，哪有儿子打老子的？”红孩儿上了孙悟空的当，满脸羞愧（mǎnliǎn xiūkuì），不好意思看孙悟空，孙悟空就变成一道金光，冲出了火云洞。

悟空回到沙僧那儿，高兴得哈哈大笑。沙僧问：“猴哥，看你高兴的样子，一定是把师父救出来了吧？”

悟空说：“兄弟，我还没有救出师父，但是得了个便宜（déle gè piányi）。”

沙僧问：“得了什么便宜？”

悟空把八戒被红孩儿抓去，自己又变成牛魔王的事说了一遍，还告诉沙僧说：“红孩儿叫我父王，我就答应，他给我磕头，我也接受。真有意思，好玩儿极了！”

沙僧说：“猴哥，你图（tú）了小便宜，可师父怎么办呢？”

悟空说：“不用担心，我去请观音菩萨来。你好好看着行李和马，我这就去。”

沙僧说：“刚才的事情，红孩儿一定很生气，恐怕会马上害师父，你得快去快回。”

悟空说：“我只需要吃顿饭的工夫，就能回来。”说着翻起跟头云，向南海去了。

词　语

麻烦	máfan	to bother somebody, to trouble somebody
上当	shàngdàng	to be fooled, be tricked
打猎	dǎliè	to go hunting
惹	rě	to provoke

变化多端	biànhuà duōduān	highly volatile, readily changeable
三昧真火	Sānmèi Zhēnhuǒ	True Samadhi Fire
无论……也	wúlùn……yě	no matter what/how/etc.; regardless of …(still) …
狼	láng	wolf
大象	dàxiàng	elephant
无论……都	wúlùn……dōu	no matter what/how/etc.; regardless of…(all)…
把守	bǎshǒu	guard
苍蝇	cāngying	fly
蚊子	wénzi	mosquito
蜜蜂	mìfēng	honeybee
蝴蝶	húdié	butterfly
抽身	chōushēn	to turn round; to leave
只管	zhǐguǎn	simply, by all means
算命	suànmìng	to tell somebody's fortune
难住	nánzhù	to be perplexed
一时	yìshí	temporarily, momentarily
生辰八字	shēngchén bāzì	one's eight horoscopic characters (eight characters corresponding to the year, month, day and hour of one's birth)
岂有此理	qǐyǒu cǐlǐ	nonsence; absurd, outrageous
满脸羞愧	mǎnliǎn xiūkuì	thoroughly ashamed
得了个便宜	déle gè piányi	profit at another's expense, gain a small advantage
图	tú	seek, pursue
图便宜	tú piányi	seek profit or advantage

练习

（一）选择与划线的词语意思相近的解释

1. 妖怪跳到半空中，往<u>四下</u>一看，看见猪八戒正往南走。

A. 四回　　B. 四次

C. 四遍　　D. 四周围

2. 悟空对红孩儿说："我的儿啊，你真不懂事，哪有儿子打<u>老子</u>的？"

A. 男人的自称　　B. 老人

C. 老头儿　　D. 父亲

3. 悟空说："兄弟，我还没有救出师父，但是得了个<u>便宜</u>。"

A. 价钱低　　B. 用很少的钱

C. 不应该得的利益　　D. 方便

（二）请根据课文内容选择恰当的答案

1. 红孩儿问出生的时间是为了什么？

A. 因为天师问过红孩儿这个问题。

B. 因为天师问红孩儿的时候，红孩儿没答上来。

C. 因为红孩儿忘了自己出生的时间。

D. 为了弄清楚眼前的人是不是父王。

2. 孙悟空是怎么两次进入火云洞的？

A. 变成狼和大象的样子。

B. 变成蝴蝶和蜜蜂的样子。

C. 变成小飞虫和牛魔王的样子。

D. 变成苍蝇和蚊子的样子。

3. 悟空回到沙僧那儿时，为什么高兴得哈哈大笑？

A. 因为孙悟空得到了一件便宜的东西。

B. 因为孙悟空知道八戒和师父都在火云洞里了。

C. 因为孙悟空看到师父还没事。

D. 因为孙悟空当了一回红孩儿的爸爸。

（三）说一说

1. 八戒是怎么让红孩儿抓进火云洞的？
2. 学一学孙悟空和红孩儿在火云洞里的对话。

三十二、孙悟空去请观音菩萨

孙悟空翻起跟头云，很快就到了南海观音住的地方。悟空整（zhěng）了整衣服，就进去拜见菩萨了。

观音菩萨看见悟空来了，很奇怪地问："悟空，你不跟唐僧去西天取经，到我这儿来有什么事情吗?"

悟空把在火云洞遇到红孩儿，师父被红孩儿抓去，自己和八戒去救师父的时候，红孩儿用了三昧真火，还有请四位龙王来用水灭火的经过，详详细细（xiángxiáng xìxì）地说了一遍。

菩萨说："那你怎么去请龙王，不来请我?"

悟空说："弟子本来是想来请您的，只是弟子被烟熏了，不能驾云（jià yún），就叫八戒来请您，可是他半路上被红孩儿变成的菩萨骗进了火云洞。"

菩萨听了十分生气："那妖怪敢变成我的样子！"菩萨用力把手中的玉净瓶（yùjìngpíng）扔进了大海。

观音菩萨发火的样子，吓得孙悟空毛骨悚然（máogǔ sǒngrán）。悟空倒退了几步，心想："菩萨发这么大的火，还扔掉了玉净瓶，可惜（kěxī）呀，可惜！早知道送给我……"

过了一会儿，只见大海中波涛翻滚（bōtāo fāngǔn），从水中钻出来一个瓶子，仔细（zǐxì）一看，是一只乌龟（wūguī）驮（tuó）着玉净瓶浮（fú）出了海面。乌龟爬到岸边，对着菩萨点头。

悟空小声说："原来这乌龟是看瓶子的，以后瓶子没了，就问它要。"

菩萨说："悟空，你在说什么?"

"没说什么。"悟空回答。

"你把瓶子拿上来。"菩萨说。

悟空马上过去拿瓶子，可是不管怎么用力，也拿不动。好像蜻蜓（qīngtíng）摇石柱，没有丝毫（sīháo）的办法。悟空跪在菩萨面前说："菩萨，弟子拿不动。"

菩萨说："你这猴头，只会说嘴。你连瓶子都拿不动，怎么去抓妖怪？"

"菩萨，不瞒您说（bù mán nín shuō），平时我拿得动，今天拿不动，一定是因为我跟红孩儿打得太累了。"

菩萨说："平时这是个空瓶儿，刚才我把玉净瓶抛到（pāo dào）海里的时候，瓶子已经转过了三江五湖，八海四渠（qú），一共借了一海的水在里面。你哪里有举起大海的力量！这是你拿不动这瓶子的原因。"

悟空合着掌说："是弟子不知道。"

菩萨走过去，用右手轻轻地提起玉净瓶，托（tuō）在左手掌上。只见那乌龟点点头，钻进水里去了。

菩萨坐下来说："我这玉净瓶里的水跟龙王的雨水可不一样，它能浇灭红孩儿的三昧真火。可是，让你拿着走吧，你又拿不动。要是让龙女和你一起去吧，我这龙女漂亮，这瓶儿又是宝物，被你骗走的话，我哪有工夫去找你呢？你必须留下一件东西作抵押（dǐyā）。"

悟空听了菩萨的话，马上说："弟子自从当了和尚，再也不做坏事了。您让我留下一些东西，留给您什么呢？我身上的这件棉衣，还是您老人家送的。这条虎皮裙子，能值几个钱？这根铁棒，是用来护身的。不过，我头上这个箍儿是金子的，您真的要我留下些东西的话，我愿意把这金箍留给您。您念个松箍咒把它拿去好了。不然，您想让我留下什么呢？"

菩萨说："好吧，我不要你的衣服、铁棒、金箍，我也舍不得（shěbudé）我的龙女。还是我亲自去一趟吧！"

悟空听了高兴地说："菩萨，那就快去救我师父吧！"

菩萨带着她的徒弟和孙悟空过了南海向西去了。

词　语

整	zhěng	to put in order, to make tidy
详详细细	xiángxiáng xìxì	in a thorough manner
驾云	jià yún	to ride the clouds
玉净瓶	yùjìngpíng	jade vase or basin to be filled with potable water (Buddhist)
毛骨悚然	máogǔ sǒngrán	to make one's hair stand on end
可惜	kěxī	what a pity; that's a pity
波涛翻滚	bōtāo fāngǔn	mighty waves rolled about
仔细	zǐxì	careful(ly)
乌龟	wūguī	tortoise
驮	tuó	carrying on its (an animal's) back
浮	fú	to float, to swim
浮出海面	fúchū hǎimiàn	emerged from the sea's surface
蜻蜓	qīngtíng	dragonfly
丝毫	sīháo	the slightest bit (usually in the negative)
不瞒您说	bù mán nín shuō	to tell you frankly; to be frank with you
抛到	pāo dào	to throw into
渠	qú	canal(s)
托	tuō	to hold in the palm, to support with the hand or the palm
抵押	dǐyā	pledge, "security deposit"
舍不得	shěbudé	to hate to give up or part with

练 习

（一）选择与划线的词语意思相近的解释

1. 悟空小声说："原来这乌龟是看瓶子的，以后瓶子没了，就问它要。"

   A. 看见　　B. 照料

   C. 看看　　D. 管理

2. 菩萨说："你这猴头，只会说嘴。你连瓶子都拿不动，怎么去抓妖怪？"

   A. 七嘴八舌　　B. 吹牛

   C. 说三道四　　D. 争论

3. 你哪里有举起大海的力量！这是你拿不动这瓶子的原因。

   A. 有一个地方　　B. 什么地方有

   C. 没有　　D. 在什么地方

（二）请根据课文内容选择恰当的答案

1. 乌龟对菩萨点头的意思是：

   A. 乌龟表示同意。　　B. 乌龟认为很好。

   C. 乌龟向菩萨行礼。　　D. 乌龟对菩萨很友好。

2. "这条虎皮裙子，能值几个钱？"的意思是：

   A. 虎皮裙子能卖多少钱？　　B. 虎皮裙子能卖很多钱吧？

   C. 虎皮裙子是不值钱的。　　D. 虎皮裙子值不值钱呢？

3. 孙悟空认为身上的哪一件东西最值钱？

   A. 棉衣　　B. 虎皮裙子

   C. 头上的金箍儿　　D. 耳朵里的金箍棒

（三）说一说

1. 观音菩萨为什么要把她的玉净瓶扔到大海里去？
2. 观音菩萨带着什么去帮助孙悟空救师父？

三十三、观音菩萨来救唐僧

菩萨和孙悟空来到离火云洞不远的地方。菩萨停下来，让她的徒弟去天宫借来了三十六把神刀。菩萨对着神刀念了几句咒语，那三十六把神刀立刻变成了一座千叶莲台（qiānyè liántái）。菩萨跳上去，坐在莲台中间。菩萨又对着大山念了几句咒语，当地的山神和土地神都跑过来，跪在菩萨的宝莲座下磕头。菩萨对山神和土地神说："你们都不用害怕，我这次是来捉红孩儿的。你们快快把这周围打扫干净。这里方圆（fāngyuán）三百里，不能留下一个生灵（shēnglíng），还要把窝（wō）里的小动物，洞里的小虫子，都迁（qiān）到高山顶上去，免得（miǎnde）一会儿被水淹着（yānzháo）。"菩萨说完，山神和土地神马上去安排（ānpái）了。过了一会儿，山神和土地神回来报告，都安排好了。这时候，菩萨把手里托着的玉净瓶往下一倒，"哗啦、哗啦"，海水从玉净瓶里流了出来。海水很快淹没（yānmò）了山头（shāntóu），火云洞那儿就像汪洋大海（wāngyáng dàhǎi）。

孙悟空看了，暗中（ànzhōng）赞叹（zàntàn）："果然是一个大慈大悲（dàcí dàbēi）的菩萨。要是我老孙有这样的法力，我就把瓶儿往山上一倒，管它什么禽（qín）兽（shòu）蛇（shé）虫呢。"

菩萨坐在莲台上，又对悟空说："悟空，把你的手伸过来。"

悟空赶忙卷起（juǎnqǐ）袖子，把左手伸了过去。菩萨拔出杨柳（yángliǔ）枝，蘸上（zhànshàng）甘露，在悟空的手心里写了一个"迷"字。菩萨还告诉悟空："红孩儿遇到这么多的水，再也不能喷火了。现在你快去找红孩儿，你跟他打的时候，只许你输，不许你赢。只要把他引到我这儿来，我就有办法了。"

悟空来到火云洞，看见洞门紧紧地关着，洞口有一米多深（shēn）的水。悟空大声喊："妖怪开门，你老子来了！"

门口的小妖进里面报告："大王，孙悟空又来了！"

红孩儿说："关好门，不理他！"

悟空叫了半天，妖怪也不出来，悟空举起金箍棒把门打了个大洞，又打了几下，门被打破了，大水就从破门那儿冲了进去。

红孩儿看洞门被打破，大水冲进洞里来了，气得一下跳出洞外，举着长枪向悟空打来。

悟空笑着说："我的儿子，你对老子太不客气了！"红孩儿听了，气得直叫。他们打了一会儿，悟空停下来，逃跑了。

红孩儿大叫着："猴子，你跑什么？你怎么不跟我打了？"

悟空笑着说："你是我的儿子，我能不让着你吗？"

红孩儿更加生气了，举着枪就追。悟空在前面跑，红孩儿在后面追。不一会儿，就到了观音菩萨跟前。悟空跑到菩萨坐的莲台后面。红孩儿追过来，找不着孙悟空却看见了观音菩萨。他生气地对菩萨喊："快把孙悟空交出来！"菩萨没有说话，红孩儿又喊："你说，你是不是孙悟空请来的救兵（jiù bīng）？"菩萨还是不理他。

红孩儿气极了，用枪向菩萨打过来。菩萨化成一道金光，到了空中。

悟空追上去说："菩萨，您怎么看见红孩儿不敢说话，还把您坐的莲台也让给他了？"

菩萨说："别嚷（bié rǎng），别嚷！我们看他怎么办。"

红孩儿看见菩萨走了，哈哈大笑："孙悟空呀，孙悟空，你打不过我，又请来菩萨，我还没打呢，菩萨也丢下宝座跑了。让我上去坐坐吧！"红孩儿跳上莲台，学着菩萨的样子，盘着腿坐（pánzhe tuǐ zuò）在上面。

菩萨在空中，看见红孩儿坐上了莲台，就用手中的柳条往下一指，说了一声："退！"那三十六把神刀变成的莲花台忽然变成了刀山。这下儿，红孩儿就坐在刀尖儿（dāojiānr）上了。菩萨又用了一个法术，那些刀子一下子就穿进了红孩儿的双腿。红孩儿马上扔了长枪，用手去拔刀。菩萨又用柳条一指，念了几句咒语，那些刀尖儿弯（wān）成了鱼钩（yúgōu）的样子，再也拔不出来了。红孩儿害怕了，他疼得大叫着："菩萨饶命（ráomìng），菩萨饶命！"

菩萨问："今后你还干坏事吗？"

"不干了，不干了！"

"你跟我走怎么样？"菩萨问。

"只要你饶了我，让我干什么都行！"

"好，退！"就听见"哗啦"一声，三十六把刀都落在地上，红孩儿的身体一点儿也没受伤（shòushāng）。

菩萨让徒弟把刀送回天宫，又拿出玉净瓶，念了咒语，就把地上的海水全收进了玉净瓶。然后，菩萨说："悟空，我把红孩儿带走，你快到火云洞救你的师父和八戒去吧。"

悟空送走了菩萨，高高兴兴地来找沙僧。沙僧说："猴哥，你去请菩萨，怎么现在才回来？急死我了！"

悟空说了刚才的经过，沙僧也十分高兴，说："猴哥，咱们快救师父去吧。"

悟空和沙僧到了火云洞，打死了洞里的小妖，找到了八戒和唐僧。

唐僧说："徒弟啊，谢谢你们！"悟空把请观音菩萨的事说了一遍，唐僧听了，马上跪在地上，朝着南边儿磕头，感谢观音菩萨。

师徒四人在火云洞吃了晚饭，休息了一夜。第二天一早儿，又出发了。

词语

千叶莲台	qiānyè liántái	a multiple-petaled lotus throne
方圆	fāngyuán	circumference neighborhood, surrounding area
生灵	shēnglíng	people
窝	wō	nest

迁	qiān	move
免得	miǎnde	so as to avoid
淹着	yānzháo	to be drowned, to drown
安排	ānpái	to organize, to arrange
淹没	yānmò	to flood, to inundate
山头	shāntóu	hilltop, mountain top
汪洋大海	wāngyáng dàhǎi	vast ocean, boundless sea
暗中	ànzhōng	secretly, surreptitiously
赞叹	zàntàn	to gasp in admiration
大慈大悲	dàcí dàbēi	infinitely merciful
禽	qín	birds
兽	shòu	beasts, (four-legged) animals
蛇	shé	snakes
卷起	juǎnqǐ	to roll up
杨柳	yángliǔ	willow
蘸上	zhànshàng	to dip (into a liquid)
深	shēn	deep
救兵	jiùbīng	relief troops, reinforcements
别嚷	bié rǎng	don't yell, don't shout; don't kick up a fuss, don't reproach
盘腿	pántuǐ	to cross one's legs
盘着腿坐	pánzhe tuǐ zuò	to sit cross-legged
刀尖儿	dāojiānr	knife point, sword tip
弯	wān	to become bent or curved
鱼钩	yúgōu	fishhooks
饶命	ráomìng	to spare somebody's life
受伤	shòushāng	to be injured

练　习

（一）选择与划线的词语意思相近的解释

1. 菩萨在悟空的手心里写了一个“迷”字。

   A. 手背　　B. 心里

   C. 手指　　D. 手掌的中间

2. 果然是一个大慈大悲的菩萨。

   A. 一定　　B. 原来真的

   C. 简直　　D. 虽然

3. 师徒四人在火云洞吃了晚饭，休息了一夜。第二天一早儿，又出发了。

   A. 上午　　B. 睡醒后

   C. 清晨　　D. 一个上午

（二）请根据课文内容选择恰当的答案

1. 菩萨让孙悟空去找红孩儿的目的是：

   A. 只许孙悟空输，让红孩儿高兴。

   B. 让红孩儿生气喷火。

   C. 让孙悟空不输也不赢。

   D. 让孙悟空引红孩儿到菩萨跟前来。

2. 菩萨用什么东西在悟空的手心里写了一个“迷”字？

   A. 用水笔　　B. 用手指

   C. 用金箍棒　　D. 用杨柳枝

3. “（只要你饶了我，）让我干什么都行！”的意思是：

   A. 让我做什么我都做得到。

   B. 让我做什么我都愿意做。

   C. 让我做什么我都能做好。

   D. 让我做什么我都不行。

（三）说一说

1. 红孩儿是怎么坐到菩萨的千叶莲台上的？
2. 观音菩萨用什么办法制服了红孩儿？

三十四、唐僧到了车迟国

唐僧师徒离开火云洞一直往西走。这天晚上，他们来到了车迟国（Chēchíguó）。他们要请国王为他们换关文，关文就是通行证（tōngxíngzhèng）。孙悟空安排师父他们先在京城住下来，自己去周围看看。

悟空向周围的人打听车迟国的情况。他听说二十年前，这个地方一直不下雨，地上的苗（miáo）都死了。全国上上下下，大人小孩儿，家家户户都烧香（shāoxiāng）拜天求雨。忽然从天上降（jiàng）下来三个仙人。一个叫虎力大仙，另一个叫鹿（lù）力大仙，还有一个叫羊力大仙。他们能呼风唤雨（hūfēng huànyǔ），点石成金（diǎnshí chéngjīn），所以国王让他们做了国师（guóshī）。

第二天一早，唐僧师徒一起来见国王。国王听说他们是从大唐来的和尚，就请他们坐下。唐僧捧着关文交给国王，这时三个国师来了。国王向他们介绍说："这四位是从东土大唐去西天取经的和尚，路过这儿来换关文。"

三个国师听了心想："我们正想抓他们呢，正好在这儿碰上了，一定不能让他们从这儿离开。"虎力大仙对唐僧说："大唐来的高僧（gāosēng），一定是有本事的。现在我们这个地方已经很久没下雨了。你们如果能让天下一场大雨，我们就给你们换关文，送你们走。如果不能，你们就是假冒（jiǎmào）的高僧，就别想活命（huómìng）了。"

国王听了虎力大仙的话，就对唐僧说："我的三位国师都很有本领，你们敢和我的国师比赛吗？"

悟空心里明白这是三个国师耍（shuǎ）的花招儿（huāzhāor），就笑着说："这些，老孙也懂。我们愿意跟你的国师比赛。"

大家来到求雨的地方，虎力大仙先走到高高的求雨台上。他手里拿着宝剑，嘴里不停地念起了口诀（kǒujué）。过了一会儿，风真的刮起来了，天空中出现了很多乌云（wūyún）。

猪八戒一看有点儿着急了："猴哥，你看这个家伙（jiāhuo），真要把雨求来了！"

悟空小声对八戒、沙僧说："师弟，你们在这儿保护好师父，别再跟我说话了。"

悟空从身上拔下一根毛，吹了口气，叫了声："变！"就变出了一个假孙悟空坐在唐僧旁边，自己一下跳到空中，大喊了一声："管风管云的是哪一个？"风婆婆和管云的童子听到了，马上来到悟空跟前。悟空说："我保护唐僧去西天取经，路过车迟国，和妖怪比赛求雨。你们怎么不帮助老孙，却去帮助妖怪？快把风和云收起来。"风婆婆和管云的童子一听，马上收了风和云。

虎力大仙刚才看见风来了，云也来了，正高兴呢，忽然风和云全都没有了。猪八戒叫起来："喂，虎力大仙，你不行就快下来，让我们上去吧！"

虎力大仙也着急了，他大声地念口诀。他的口诀把雷公（Léigōng）、电母（Diànmǔ）、四位龙王都请来了。悟空正好在空中，拦住了他们。悟空把师父正在跟三个国师斗法（dòu fǎ）的事儿跟他们说了一遍。他们听完以后问："我们愿意帮助你，可怎么帮呢？"

悟空说："这样吧，你们看我的金箍棒，我往上举第一下儿的时候你们就刮风，第二下儿就来云，第三下儿就打雷（dǎléi）、闪电（shǎndiàn），第四下儿就下雨，第五下儿就变晴天。"悟空安排好以后，回到了师父身边，动了动身子，把假悟空收了回来。然后，悟空对国王说："喂，你们求不来雨，看我们的吧！"国王只好让虎力大仙从高高的求雨台上下来，让唐僧上去。

唐僧听了很担心地对悟空说："徒弟，我不会求雨呀。"

悟空说："您不会求雨，就坐在那儿念经吧。别的我来帮助你。"

悟空看师父坐在求雨台上开始念经了，自己从耳朵里取出金箍棒，晃了晃，变成两丈多长，碗口（wǎnkǒu）粗细。他往空中一举，风婆婆马上开始刮风；悟空又举了第二下儿，天上出现了很多乌云；举第三下儿的时候，忙坏了雷公和电母，他们一会儿打雷，一会儿闪电，真像山崩地裂（shānbēng dìliè）一样。这时候，猪八戒高兴得摇头晃脑（yáotóu huàngnǎo），两只大耳朵不停地摇晃。

国王和他身边的官员们吓得闭上（bì shang）眼睛，不敢抬头。悟空又把金箍棒往上一举，四位龙王张开大嘴，“哗哗”地下起了倾盆大雨（qīngpén dàyǔ）。雨下了一个来钟头，国王说：“雨够了，雨够了！”悟空把金箍棒又往上一举，立刻，风不刮了，雷不响了，乌云散了（wūyún sàn le），雨也停了，天上出太阳了。

国王看了这一切，心想，唐僧真了不起。国王马上说：“来人，给这位高僧换关文，送他们走吧！”

词语

车迟国	Chēchíguó	Cart-Slow Kingdom
通行证	tōngxíngzhèng	travel pass or permit
苗	miáo	seedling(s)
烧香	shāoxiāng	to burn incense
降	jiàng	to descend
鹿	lù	deer
呼风唤雨	hūfēng huànyǔ	to summon the wind and rain, to control the forces of nature
点石成金	diǎnshí chéngjīn	turn stone into gold at the mere touch
国师	guóshī	a title conferred on a master teacher or advisor by an emperor
高僧	gāosēng	eminent Buddhist monk

假冒	jiǎmào	to pretend to be somebody else, to assume the name of another person
活命	huómìng	survive
耍花招	shuǎ huāzhāo	to play tricks
口诀	kǒujué	magic formula (often in rhyme)
乌云	wūyún	black clouds
家伙	jiāhuo	fellow, guy
雷公	Léigōng	the god of thunder
电母	Diànmǔ	the goddess of lightning
斗法	dòufǎ	to fight using magic or trickery
打雷	dǎléi	to thunder
闪电	shǎndiàn	to flash lightning
碗口	wǎnkǒu	diameter of a bowl
山崩地裂	shānbēng dìliè	cataclysm (literally: mountains collapsing and earth splitting)
摇头晃脑	yáotóu huàngnǎo	to bob one's head in a self-satisfied manner
闭上	bìshang	to shut
倾盆大雨	qīngpén dàyǔ	torrential downpour
散	sàn	scatter, disperse, break up
乌云散了	wūyún sàn le	the black clouds dispersed

（一）选择与划线的词语意思相近的解释

1. 全国上上下下，大人小孩儿，家家户户都烧香拜天求雨。

A. 从高处到低处　　B. 山上山下

C. 从低处到高处　　D. 当官的和百姓

2. 孙悟空从耳朵里取出金箍棒，晃了晃，变成两丈多长，碗口粗细。

A. 比碗口还细　　B. 比碗口粗很多
C. 像饭碗的重量　　D. 像碗口那么粗

3. 雨下了一个来钟头，国王说："雨够了，雨够了！"

A. 点钟　　B. 中午
C. 时钟　　D. 小时

（二）请根据课文内容选择恰当的答案

1. 下面哪一个不是国师的名字？

A. 虎力大仙　　B. 马力大仙
C. 鹿力大仙　　D. 羊力大仙

2. 关于三个国师，文中没有介绍的是：

A. 他们会呼风唤雨。　　B. 他们会指水成油。
C. 他们会起死回生。　　D. 他们会点石成金。

3. 孙悟空往天空举第几次金箍棒的时候，天就会下雨？

A. 第二次　　B. 第三次
C. 第四次　　D. 第五次

（三）说一说

1. 虎力大仙为什么要和唐僧比本领？
2. 他们是怎么比赛的，结果怎么样？

三十五、车迟国比本领

唐僧赢了虎力大仙，师徒四人都很高兴。可是，虎力大仙不但不服（bù fú），还非常生气。虎力大仙走过来对国王说："国王，你不能放他们走。我看他们没有什么别的本事，如果他们真有本事，我们想再跟他们比一比！"

国王听了虎力大仙的话就说："好，好！我要看看和尚的本事大，还是我的国师本事大。"国王问三位国师："这回你们想比什么？"

鹿力大仙对国王说："这回我来跟他们比，比猜东西。他们要是能猜对，就放他们走；猜错了，就别想离开这里！"

"好，就这么办！"国王把鹿力大仙的话对唐僧说了一遍。唐僧心想："我怎么能猜得出来呀！"孙悟空看到师父很为难（wéinán）的样子，就对他说："师父，您别着急，我有办法。"孙悟空又转过头对国王说："我师父愿意和鹿力大仙比赛。"

国王让人抬来一个红色的箱子，说："你们猜猜，箱子里面放的是什么东西？"

唐僧着急地对悟空说："徒弟，我怎么能知道箱子里面是什么呢？"悟空从头上拔下一根毛，变成一个假悟空，自己变成了一只小飞虫，飞到唐僧的耳边说："师父，您放心，我飞进箱子里去看看，回来告诉您。"

悟空飞到箱子盖儿上，又从缝儿（fèngr）里钻了进去。他看见箱子里有一件红皮袄（pí'ǎo）和一条绿裙子，马上对着这些吹了一口仙气，说了一声："变！"那皮袄和裙子立即变成了一口破钟（yì kǒu pòzhōng）。悟空连忙从箱子里钻出来，飞到唐僧的耳朵边儿上小声地说："师父，您就说是一口破钟。"

"鹿力大仙，你先猜吧，箱子里放的是什么？"国王问。

"箱子里是一件皮袄和一条裙子！"鹿力大仙大声回答。

唐僧说："不对，里边是一口破钟！"

国王一听，气坏了："什么？我们国家有很多宝贝，怎么能放一口破钟呢？"

唐僧听国王这么一说，有点儿害怕了。孙悟空马上小声说："师父，没错，你就说是一口破钟。"唐僧这才又说了一遍："就是一口破钟！要是猜对了就送我们走。"

鹿力大仙马上说："猜得不对，就杀了他们。来人！快把箱子打开！"

箱子打开了，里面果然是一口破钟。国王和鹿力大仙都傻眼（shǎyǎn）了。他们你看看我，我看看你，一句话也说不出来。

唐僧猜对了箱子里的破钟，国王很生气。他问："这破东西是谁放进去的？"

有人小声告诉国王："您妻子亲自（qīnzì）往箱子里放的红皮袄和绿裙子，不知道怎么变成了破钟。"

国王没有办法，就说："把箱子抬到后边去，我亲自放一件宝贝，让他们再猜。"

国王到了后宫，让人从花园的桃树上摘下一个半红半绿的大桃子，亲手放到箱子里。然后他让人把箱子抬到前面来，让唐僧和鹿力大仙再猜。

唐僧小声问："徒弟啊，箱子里又放了什么？"悟空说："师父别着急，等我再去看看。"

悟空又变成小飞虫，飞进箱子里。他看见箱子里放的是一个大桃子，高兴极了，马上现了原形，坐在箱子里，拿起桃子就吃，吃完了把桃核儿（táohúr）扔在箱子里。悟空又变成小虫飞了出来，落在唐僧耳朵上说："师父，箱子里是一个桃核儿。"

唐僧听了走过去要猜，羊力大仙抢着说："我先猜，箱子里是一个鲜桃儿（xiāntáor）。"

唐僧说："不是鲜桃儿，是一个桃核儿。"

国王说："我亲手放的，不是桃核儿，是个鲜桃。这次三国师猜对了。"

唐僧说："国王，打开箱子看一看就知道是什么了。"

箱子被打开了，里面果然是一个没了皮儿（pír）也没了肉（ròu）的桃核儿。

国王吃惊地说："明明是我亲手放的大鲜桃儿，怎么会变成桃核儿了呢？这……这……肯定是有天神在暗暗地（àn'àn de）帮助和尚。国师，不要跟他们比了，马上给他们换关文，送他们走吧。"

词　语

不服	bù fú	to refuse to admit being defeated
为难	wéinán	awkward or embarrassed manner
缝儿	fèngr	crack or crevice
皮袄	pí'ǎo	fur-lined Chinese style coat
钟	zhōng	bell
一口破钟	yì kǒu pòzhōng	a broken bell
傻眼	shǎyǎn	to be stunned, to be dumbfounded
桃核儿	táohúr	peach pit
鲜桃儿	xiāntáor	fresh peach
皮儿	pír	skin, fruit peel
肉	ròu	fruit pulp
暗暗地	àn'àn de	secretly

练　习

（一）选择与划线的词语意思相近的解释

1. 他们要是能猜对，就放他们走；猜错了，就别想离开这里！

A. 不想　　B. 想不到

C. 不愿意　　D. 不要想

2. 师父，您放心，我飞进箱子里去看看，回来告诉您。

A. 费心　　B. 安静
C. 不要担心　　D. 提心吊胆

3. 箱子被打开了，里面果然是一个没了皮儿也没了肉的桃核儿。

A. 原来　　B. 竟然
C. 结果　　D. 真的

（二）请根据课文内容选择恰当的答案

1. 下面哪一件东西是国王亲手放进箱子里的？

A. 一件红皮袄　　B. 一条绿裙子
C. 一个大桃子　　D. 一口破钟

2. 大桃子是怎么变成桃核儿的？

A. 孙悟空吹了一口气。　　B. 因为仙桃儿放坏了。
C. 有天神的帮助。　　D. 桃肉被孙悟空吃了。

3. 唐僧是怎么赢国师的？

A. 因为唐僧很聪明。　　B. 因为有天神的帮助。
C. 因为国师都很傻。　　D. 因为有孙悟空的帮助。

（三）说一说

1. 鹿力大仙和羊力大仙跟唐僧比赛什么了？
2. 孙悟空用什么办法帮助师父赢了鹿力大仙和羊力大仙？

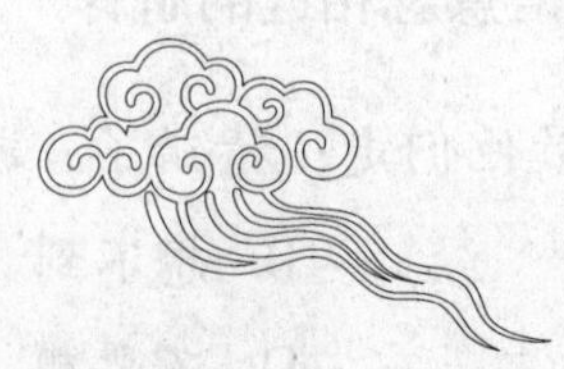

三十六、车迟国比武艺（上）

国王想为唐僧他们换关文。虎力大仙又走过来说："国王，不能让这些和尚这么轻易（qīngyì）地离开这儿。我们弟兄三人都学过武艺，我们还要跟这些和尚比武艺。"

国王问："怎么比？"

虎力大仙说："第一，我们要跟他们比砍下头，再长出来；第二，比把胸（xiōng）剖开（pōukāi），拿出心脏（xīnzàng），然后也能长好；第三，比把油烧开（shāokāi）了，然后跳进去洗澡。"

国王听了吃惊地说："比这些是送死啊！"

虎力大仙说："我们三个人有这种法力，才敢说这话，这回一定要让和尚输。"

国王这才对唐僧他们说："唐朝的和尚，我的国师不想让你们走。他们还要跟你们比砍头，剖腹，在热油锅里洗澡。你们哪位敢比？"

唐僧、八戒、沙僧听了，都吓得不敢出声。悟空马上对国王说："国王，老孙愿意跟你的国师们比。"

国王怕砍下了头就救不活了，于是下令（xiàlìng）说："和尚，这回你们先来。"

悟空说："我先来就我先来！"又对虎力大仙说："大国师，请原谅。这回我先来了。"说着就往砍头的地方走过去。

唐僧一把拉住悟空说："徒弟啊，砍头可不是好玩儿的，你千万要当心啊！"

悟空说："师父，您放心，我一会儿就回来！"

悟空到了砍头的地方。那儿有几个刽子手（guìzishǒu），他们一刀就把孙悟空的脑袋砍了下来，还踢得很远。可是悟空的脖子上一点儿血也没出，他的肚子还直叫："脑袋回来，脑袋回来！"

虎力大仙看悟空的本事这么大，小声地念了一句咒语，让土地神拉住悟空的头。土地神怕虎力大仙的妖法（yāofǎ），只好按照他的话做了。

悟空又叫了几声："脑袋回来！脑袋回来！"可是，脑袋就像长了根儿，一点儿也不动。悟空一着急，大叫了一声："长！"悟空的脖子上又长出了一个脑袋。周围的人都惊呆（jīngdāi）了。

八戒笑着说："沙僧，真不知道哥哥还有这么大的本事。"

沙僧说："他会七十二种变化，就有七十二个头呢。"

悟空回到唐僧身边，叫了一声："师父。"

唐僧说："悟空，你辛苦了！"

悟空说："没事儿，挺好玩儿的！"

八戒问："猴哥，你的新头长得和原先一样吗？"

悟空说："你摸摸，看看有没有刀印儿（dāoyìnr）。

沙僧伸手摸了摸悟空的脖子，笑着说："真棒（zhēn bàng），一点儿刀印儿也没有。"

唐僧师徒们正高兴地说笑，这时国王说："唐朝的高僧，给你们关文，你们走吧。"

悟空说："给我们关文？比赛还没完呢，现在轮到砍国师的头了。"国王没办法，只好让虎力大仙去了。

虎力大仙到了砍头的地方，那几个刽子手砍下了虎力大仙的头，也踢了一脚。虎力大仙的脖子也没有出血，他也小声喊："脑袋回来，脑袋回来！"

悟空早就想好了办法，他拔下一根毛，吹了一口仙气，变出了一条大黄狗。大黄狗跑过去，把虎力大仙的头一口叼（diāo）起来，扔进了离这儿不远的河里。虎力大仙不会长新的头，脖子上流出了很多血。过了一会儿，就没气儿了。大家看见地上躺着的是一只没有头的死虎。

国王吓坏了，两只眼睛看着鹿力大仙和羊力大仙。鹿力大仙说："我师兄死了，现在我要跟他们比一比剖腹取心！"

国王听了鹿力大仙的话才安下心来（ān xià xīn lái），又对唐僧说："我的二国师要和你们比剖腹，你们愿意吗？"

悟空想："前两天我肚子疼，可能是肚子里长虫了，正想打开看看呢。"就连忙点头说："行，行！"

国王又下令："和尚先去剖腹。"

悟空走到剖腹的地方，上来几个刽子手，一刀把孙悟空的肚子剖开。悟空自己把肠子（chángzi）、心拿了出来，整理了一下，又放进肚子里。然后用手摸着肚皮，吹了口仙气，叫了一声："长！"刀口立刻长好了，一点儿血也没出，一点儿伤疤（shāngbā）也没留。

悟空走过来对鹿力大仙说："现在该你了。"鹿力大仙也走到剖腹的地方，那几个刽子手，一刀把鹿力大仙的肚子剖开，鹿力大仙也像孙悟空那样，把肠子、心拿出来。这时，悟空拔下一根毛，又吹了口仙气。那根毛变成了一只老鹰（lǎoyīng），"呼"地飞过去，把鹿力大仙的肠子和心全都抓起来，飞到很远很远的地方去了。

鹿力大仙没有了肠子和心，他的血流了一地，很快也死了。一个刽子手把鹿力大仙的尸体拖（tuō）过来，大家看到的是一只死鹿。

词　语

轻易	qīngyì	easily
胸	xiōng	chest, thorax
剖开	pōukāi	to cut open
心脏	xīnzàng	heart
烧开	shāokāi	to heat to the boiling point
下令	xiàlìng	to give orders; to order
刽子手	guìzishǒu	executioner(s), slaughterer(s)
妖法	yāofǎ	sorcery, witchcraft

惊呆	jīngdāi	to be surprised; to be struck dumb
刀印儿	dāoyìnr	knife or sword marks
真棒	zhēn bàng	truly wonderful; It's really great!
叼	diāo	to hold in one's mouth
安心	ānxīn	to be free from worry or concern about something
安下心来	ān xià xīn lái	to set one's mind at ease
肠子	chángzi	intestines
伤疤	shāngbā	wound scar
老鹰	lǎoyīng	a hawk, an eagle
拖	tuō	to drag something or pull something somewhere

练　习

（一）选择与划线的词语意思相近的解释

1. 国王怕砍下了头就救不活了，于是下令说："和尚，这回你们先<u>来</u>。"
   A. 做　　B. 来到
   C. 到这儿来　　D. 过来

2. 唐僧一把拉住悟空说："徒弟啊，砍头可不是好玩儿的，你千万要<u>当心</u>啊！"
   A. 正中心　　B. 小心
   C. 当中　　D. 慢点儿

3. 孙悟空<u>连忙</u>点头说："行，行！"
   A. 很忙　　B. 连续
   C. 急忙　　D. 一次又一次

（二）请根据课文内容选择恰当的答案

1. 下面哪一项不是国师提出来的比赛项目？

   A. 砍头　　B. 在热油锅里洗澡

   C. 长出一个新的头　　D. 剖腹

2. “比赛砍头”哪个人不担心、不害怕？

   A. 唐僧　　B. 国王

   C. 孙悟空　　D. 猪八戒和沙僧

3. 比武艺的主意是谁想出来的？

   A. 国师　　B. 孙悟空

   C. 国王　　D. 唐僧

（三）说一说

1. 孙悟空和虎力大仙比了什么？说说比赛的经过。
2. 孙悟空和鹿力大仙比了什么？说说比赛的经过。

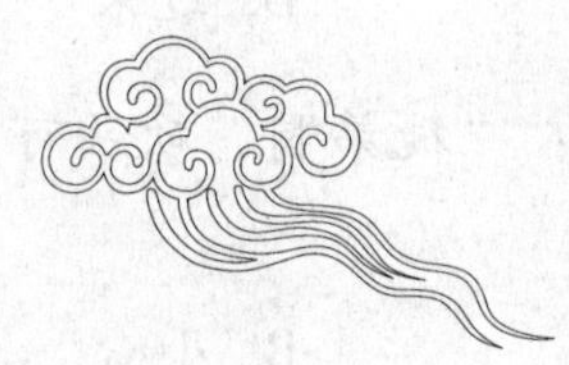

三十七、车迟国比武艺（下）

国王看虎力大仙和鹿力大仙都死了，心里非常害怕。这时，羊力大仙走过来对国王说："我要给两位师兄报仇。"羊力大仙又对孙悟空说："现在我要跟你们比赛下油锅洗澡！"

悟空马上说："老孙已经几天没洗澡了，今天正好想洗一洗。"

国王又下令，让孙悟空先进油锅。

悟空笑嘻嘻（xiàoxīxī）地走过去，脱了衣服，一下子跳进滚开（gǔnkāi）的油锅里。他在大锅里翻着跟头，就像在温水（wēnshuǐ）中洗澡一样。

八戒见了，咬着手指头对沙僧说："这猴子还真有本事。"沙僧也不住地点头。

悟空看见国王和文武百官（wénwǔ bǎi guān）都吃惊地瞧（qiáo）着自己，心想，我得逗逗（dòudou）他们。于是，他摇身一变，变成了一根小钉子（dīngzi），沉（chén）到锅底去了。

过了一会儿，周围的人看不见悟空的头从油锅里伸出来，以为孙悟空被油炸化了。有人告诉国王："孙悟空被油炸死了。"

国王十分高兴，下令："把孙悟空的骨头捞（lāo）上来看看。"于是，几个人拿着铁笊篱（zhàoli）在油锅里捞了起来，可是捞了半天，什么也没捞上来。这是因为悟空变的钉子很小，笊篱的眼儿（yǎnr）大，一捞，钉子就从笊篱的眼儿里漏下去了。

那几个人没捞着孙悟空的骨头，他们又去报告国王："这和尚的身体小，骨头也嫩（nèn），全都化没了。"

国王说："那好，快把这三个和尚捆起来带走！"

唐僧急得大喊："等一下，我那个徒弟自从跟了我，常常立功（lìgōng），今天不幸（búxìng）死在你们的油锅里。请国王给我一点儿粥（zhōu）饭和纸钱（zhǐqián），我到油锅旁边烧一烧，也表示我对徒弟的思念（sīniàn）。"

国王听了说："也对，大唐人真有义气（yìqi）。"命令人马上去拿些饭菜、纸钱什么的，交给唐僧。

唐僧、沙僧、八戒来到油锅旁边，唐僧对着油锅说："悟空啊，自从你当了我的徒弟，保护我去西天取经……"

悟空在锅底听见了师父的叫声，变回了原来的样子，使劲儿一蹦，大喊了一声："师父，我在这儿呢！"

唐僧看见从锅里蹦出来的悟空，说："徒弟，吓死我了！"

沙僧也说："大哥，你刚才装死呢！"

国王和他两边的文武百官都吓了一跳。这时候，国王离开他的座位想走。

孙悟空从油锅里蹦出来，擦干净身上的油，穿好衣服，走到国王身边，一把拉住国王说："国王，你不能走，快叫你的三国师也下油锅去洗澡吧！"

国王战战兢兢地说："三国师，你救救我的命，快下油锅去吧！别让这和尚打我！"

羊力大仙脱了衣服，跳进油锅，也像孙悟空那样，在锅里翻来翻去，这时孙悟空才放了国王。孙悟空走到油锅旁边，叫烧火的人多加柴火。过了一会儿，孙悟空走到大锅旁边儿，把手伸进锅里，摸了摸油锅里的油。孙悟空发现油锅里的油是凉的，他想："刚才油是滚开的，现在怎么变凉了呢？一定是有谁在保护他。"孙悟空往锅下面一看，有一条冷龙正护住锅底，所以油热不起来。

悟空十分生气，一下儿跳到空中，念了几句咒语，北海龙王就来了。孙悟空对北海龙王说："大胆的龙王，你为什么要帮助妖怪，想让他赢我吗？"

龙王马上行礼说："大圣，你别生气，我现在就收了那条冷龙。"龙王变作一阵大风，到油锅旁边捉住冷龙一起回大海去了。

悟空从空中下来，到了锅边。看到锅里的油热起来了。羊力大仙在滚开的油锅里翻滚，再也爬不出来了，过了一会儿就烫死（tàngsǐ）了。

国王看见三个国师都死了，非常难过（nánguò），哭了起来。

悟空过来说："国王，你怎么那么笨。你已经看见那几个国师的尸体都是野兽（yěshòu）。要是你不信，你再去看看捞上来的羊力大仙的骨头，人怎么会变成这样的骷髅（kūlóu）呢？你的三个国师都是山里的野兽变的，他们到这儿是想来害你的。只因为他们的本领还不怎么样，所以不敢下手（xiàshǒu）。要是再过两年，你老了，他们就会害你，把你的江山（jiāngshān）抢走。多亏我们来了，帮助了你。你还哭什么？快点儿给我们关文，送我们走吧！"

国王听了悟空的话，才明白过来，马上向唐僧表示感谢，亲手在关文上盖（gài）了国印（guóyìn），交给唐僧。

唐僧师徒在这儿住了一夜，第二天就离开了车迟国，继续向西走去。

词　语

笑嘻嘻	xiàoxīxī	grinning
滚开	gǔnkāi	to boil
温水	wēnshuǐ	lukewarm water
文武百官	wénwǔ bǎi guān	all the civil and military officials
瞧	qiáo	to look at
逗	dòu	to tease
钉子	dīngzi	a nail
沉	chén	to sink（down）
捞	lāo	to scoop（up）, to dredge for something
笊篱	zhàoli	a strainer of wire mesh
眼儿	yǎnr	hole
嫩	nèn	delicate
立功	lìgōng	render meritorious service
不幸	búxìng	unfortunately
粥	zhōu	porridge, gruel, congee

纸钱	zhǐqián	paper resembling money, burned as an offering to the dead
思念	sīniàn	longing for, thinking of (somebody)
义气	yìqi	loyalty to one's friends
柴火	cháihuo	firewood
烫死	tàngsǐ	die scalded with boiling water
难过	nánguò	to feel bad about something
野兽	yěshòu	wild beast(s)
骷髅	kūlóu	human skeleton
下手	xiàshǒu	to set about doing something; to take action, to lay hands on someone
江山	jiāngshān	country, state power
盖	gài	(in this context: 盖印 seal, stamp or mark with a seal)
国印	guóyìn	the stamp or seal of a given country

练 习

（一）选择与划线的词语意思相近的解释

1. 八戒对沙僧说："这猴子还真有本事。"沙僧也不住地点头。

   A. 住宿　　B. 停留

   C. 居住　　D. 停

2. 周围的人看不见悟空的头从油锅里伸出来，以为孙悟空被油炸化了。

   A. 认为　　B. 因为

   C. 以后　　D. 作为

3. 只因为他们的本领还不怎么样，所以不敢下手。

   A. 怎么样也不好　　B. 不知行不行

   C. 不太好　　D. 好不好

（二）请根据课文内容选择恰当的答案

1. 孙悟空为什么要变成一根小钉子，沉到锅底？

   A. 因为钉子不怕烫。　　B. 孙悟空想练习自己的本领。

   C. 孙悟空想开个玩笑。　　D. 孙悟空不想在锅里翻跟头了。

2. 孙悟空把手伸进羊力大仙的油锅里时，油锅里的油怎么样？

   A. 像温水一样　　B. 是凉的

   C. 是滚开的　　D. 是热的

3. 孙悟空认为国王怎么样？

   A. 国王和国师都是坏人。　　B. 国王应该感激国师。

   C. 国王很笨。　　D. 国王很有本领。

（三）说一说

1. 说一说孙悟空在滚开的油锅里洗澡的经过。
2. 孙悟空是怎么赢羊力大仙的？

三十八、孙悟空来到通天河边

唐僧师徒一起向西走过了许多高山。这一天，一直走到太阳快要落山了，也没有遇到一个村子。师徒们只好借着月光（jièzhe yuèguāng），说着话往前走。走了一段路，他们听见前边有“哗哗”的水响。走近一看，原来是一条看不见对岸（duì'àn）的大河。

八戒拿起一块石头往河里扔，只听见“咕咚”（gūdōng）一声，就没有回音了。八戒对唐僧说：“师父，这河很深啊！”

唐僧说：“深浅（shēnqiǎn）你试了，但不知道这河有多宽？”

悟空说：“河边立着一块石碑（shíbēi），我去看看就知道了。”

悟空来到碑前，看见上面刻着“通天河”三个大字，下边还有一行小字：“河宽八百里，自古少行人。”

悟空又叫师父过来看，唐僧一看，急得直流眼泪：“徒弟，这八百里的通天河，怎么能过得去呢？”

唐僧正在着急，沙僧指着河的上游说：“师父，那边有灯光，一定有人家。我们去找个住的地方，明天找条船（chuán）再过河吧。”

唐僧觉得沙僧说得对，就骑上马，和徒弟们向有灯光的地方走去。走到那儿才知道这是一个有四五百户人家的村子。

唐僧在一个门口停下来，下马对悟空、八戒、沙僧说：“你们先在外边等着，我到里边问问，他们如果答应我们住一夜，我再叫你们进去。”徒弟们都同意了。

唐僧走进院子，敲了敲门。不一会儿，从屋里走出来一位老人。唐僧过去行了个礼，老人也还了礼：“和尚从哪里来？天这么晚了，你有什么事？”

唐僧说：“我是东土大唐派往西天取经的，走到这儿，天黑了，我想找一个住的地方。”

老人摆摆手说：“出家人不要说谎。从东土大唐到我们这儿有五万四千里路，你一个人，怎么能来得了？”

唐僧说："你说得对，我还有三个徒弟，他们都是有本事的，一路保护着我，才到了这里。"

老人说："既然有徒弟，就一起进来休息吧。"唐僧这才叫三个徒弟进来。

三个徒弟听师父一叫，就牵着马，一阵风似的进来了。那老人一看悟空和八戒的脸，吓得大喊："妖怪来了！妖怪来了！"

唐僧扶住老人，说："不要怕，他们不是妖怪，是我的徒弟。"

孙悟空说："别看我们样子丑（chǒu），我们是专门（zhuānmén）抓妖怪的！"老人听了悟空的话，才把唐僧师徒请进客房。

刚进屋，八戒就说："饿死了，饿死了！"

老人说："我家做的馒头、米饭还在锅里，因为家里碰到了难事儿，谁也吃不下饭，你们去吃吧。"说完，让家里人把饭菜端到桌子上，请唐僧他们吃饭。

八戒拿起一个馒头，嚼也不嚼，一口就吞（tūn）了下去。接连吃了四五个。吃完馒头，他又吃了一些米饭。他一个人比唐僧、悟空和沙僧三个人吃的还多。

唐僧师徒吃完饭，那老人出去了一下，又领进来一个老人。他俩跪在唐僧面前，流着眼泪说："师父，你们从大唐来，有捉妖的本事，请你们救救我们吧！"唐僧马上把两个老人扶起来，让他们慢慢说。

原来，这个村叫陈家庄，这两位老人都姓陈，他们是兄弟。老哥有个独生女（dúshēngnǚ），今年八岁；老弟有个独生子，今年七岁。两个老人都已经年过半百，他们爱自己的儿女像掌上明珠（zhǎngshàng míngzhū）一样。

通天河里有一个妖怪，这妖怪每年要吃一对童男童女（tóngnán tóngnǚ）。今年轮到老哥俩，今天就要把他们心爱（xīn'ài）的孩子送给妖怪。他们怎么能舍得（shěde）呢？为这事儿，全家人整天整天（zhěngtiān）地哭，想不出什么好办法。

悟空对两位老人说："去把你们的孩子抱来让我看看。"

老弟马上叫来了他的儿子。悟空小声念了几句咒语，就把自己变得跟小男孩儿一模一样，还和老弟的儿子手拉着手一块儿玩儿起了来。老弟吃了一惊，怎么也认不出哪个是自己的亲生儿子了。过了一会儿，孙悟空摸了一下脸，现了原形，说："像你儿子吗？"

老弟说："像！像！想不到你有这么大的本事。"

悟空说："到时候，你就把我献给那个妖怪，怎么样？"

老弟一听，立刻跪在悟空面前，磕头感谢。旁边的老哥一边哭，一边对孙悟空说："你救了我的侄子，也救救我的女儿吧！"

孙悟空把老哥扶起来，说："你快去做一大锅米饭，做一些好吃的菜，给我这个长嘴的师弟吃。他吃饱了，高兴了，就会变成你的女儿。"

八戒听了，不高兴地说："猴哥，要去你自己去吧！干吗拉着我呢？"

悟空说："师弟，你我一进这个家，他们就对我们这么好，我们怎么能不帮助他们呢？"

八戒说："猴哥，我不会变啊！"

"你也会三十六变，怎么说不会呢？"

"猴哥，我只会变山、树、大象、水牛（shuǐniú）这些又笨又大的东西，如果变小女孩儿，我可不会。"

孙悟空对老哥说："别听他的，快去把你的女儿抱来。"

老哥抱来了他的女儿，八戒见了说："猴哥，像这么漂亮的小姑娘，怎么变？"

"快变，要不，你就吃我的金箍棒！"

"猴哥，别打，让我变变试试。"说着，猪八戒念起咒语，摇着头叫了一声："变！"真的变成了一个小女孩儿，只是肚子太大。

悟空笑着说："再变变。"

“猴哥，我变不了了，你打我吧！”

悟空对着八戒的肚子吹了一口气，用手一拍，八戒的肚子也变小了，变得和那小女孩儿一样漂亮。

悟空又对沙僧说：“你要好好保护咱们的师父。”

这时候，就听见门外有人喊：“陈老头，快把孩子拉出来，该送去了。”老哥俩拿出大红盘子，让孙悟空和猪八戒变成的童男童女坐在盘子里，来了四个小伙子把假的童男童女抬走了。

词　语

借着月光	jièzhe yuèguāng	take advantage of the moonlight
对岸	duì'àn	the other side of the river
咕咚	gūdōng	a thud, a splashing sound (onomatopoeia)
深浅	shēn qiǎn	depth
石碑	shíbēi	stone tablet; stele
船	chuán	boat
丑	chǒu	ugly
专门	zhuānmén	specially, for this specific purpose
吞	tūn	to swallow
独生女	dúshēngnǚ	an only daughter
掌上明珠	zhǎngshàng míngzhū	literally, like a pearl in the palm of one's hand, denotes a beloved child, especially a daughter
童男童女	tóngnán tóngnǚ	children of both genders
心爱	xīn'ài	loved, treasured
舍得	shěde	to be willing to part with
整天	zhěngtiān	all day long
水牛	shuǐniú	water buffalo

（一）选择与划线的词语意思相近的解释

1. 我到里边问问，他们如果<u>答应</u>我们住一夜，我再叫你们进去。

   A. 回答　　B. 反应

   C. 答话　　D. 同意

2. 猴哥，要去你自己去吧！<u>干吗</u>拉着我呢？

   A. 做什么事儿　　B. 做吗

   C. 干什么事儿　　D. 为什么

3. 孙悟空把自己变得跟小男孩儿<u>一模一样</u>。

   A. 两样　　B. 一人一个样

   C. 不太一样　　D. 完全相同

（二）请根据课文内容选择恰当的答案

1. 为什么八戒要拿起一块石头往河里扔过去？

   A. 八戒生气这河挡住了他们的路。

   B. 八戒想试一试河水的深浅。

   C. 八戒想试一试河水里有没有妖怪。

   D. 八戒想试一试河有多宽。

2. 通天河有多宽？

   A. 宽得从这边看不到对岸　　B. 有四五百里宽

   C. 有八百里宽　　D. 五万四千里宽

3. 八戒会多少种变化？

   A. 四种　　B. 三十六种

   C. 三十种　　D. 十六种

（三）说一说

1. 老陈兄弟的家里碰到了什么难事？
2. 孙悟空想了什么办法帮助老陈兄弟？

三十九、唐僧掉进了通天河

假的童男童女被抬到河边的庙里，村里人又献上了猪和羊。大家祈祷（qídǎo）风调雨顺（fēngtiáo yǔshùn），五谷丰登（wǔgǔ fēngdēng）。磕了头，烧完香以后，大家才各自回家去了。

猪八戒看人们都走了，就对孙悟空说："猴哥，咱们也回家吧！"

"我们不能走，帮人要帮到底嘛！"

正说着，传来（chuánlái）一阵"呼呼"的风声。八戒说："不好了，妖怪来了！"

悟空说："别出声，等我跟他说话。"

一会儿，风停了，庙门开了，走进来一个妖怪，妖怪问："童男、童女，你们姓什么？"

悟空说："我们姓陈。"

妖怪一听心里一惊："往年来的时候，我问话，他们都不敢回答，再问一声就吓掉了魂儿（xià diào le húnr）。今年这孩子的胆子怎么这么大呀？"

妖怪又问："小孩儿，你们叫什么名字？"

孙悟空又回答了他。妖怪更加奇怪了，他想吃童男，又不敢下手，就说："往年我先吃童男，今年就先吃童女吧。"

八戒吓坏了，说："你还是像往年一样，不要先吃我。"

妖怪好像没听见，上去就抓八戒变的那个小女孩儿。八戒跳下来，现了原形，举起钉耙，对着那妖怪就打了过去。妖怪挨了打，化成一阵风逃走了。悟空也现了原形，喊了一声："追！"八戒和悟空跳到空中，向妖怪追去。

妖怪没有带武器（wǔqì），不能和悟空、八戒打。他一边跑，一边回头问："你们是哪儿来的和尚？"

孙悟空说："告诉你，我们是唐僧的徒弟，齐天大圣孙悟空和猪八戒。你叫什么？"妖怪也不回答，一下子钻到通天河里去了。

孙悟空说："八戒，别追了。这家伙一定是通天河里的妖怪，等明天咱们再想个办法抓住他。然后，再送师父过通天河。”

八戒听了悟空的话，回到庙里。把那些猪羊、祭品（jìpǐn）什么的都搬回（bān huí）了陈家庄。这时唐僧、沙僧和陈家兄弟正在家里等候消息，唐僧问：“悟空，情况怎么样？”孙悟空和猪八戒把妖怪来吃他们的事情说了一遍，大家听了都很高兴。陈家兄弟立即让家里人打扫房间，安排床铺（chuángpù），请唐僧师徒休息。

妖怪没有吃到童男童女，还挨了打，心里十分不高兴。河里的小妖见大王回来了，都过来问：“大王，往年回来，你都很高兴，今年怎么不高兴呢？”

妖怪说：“你们不知道，今年运气（yùnqi）不好。我碰见了唐僧的徒弟，他们假扮童男童女，差一点儿把我打死。”妖怪休息了一会儿又说：“不过，我听说，吃了唐僧的肉就能长生不老，我要抓住唐僧。可是，他的徒弟太厉害了，怎么办呢？”

这时候，一个老鱼婆（lǎo yúpó）对妖怪说：“想捉唐僧并不难，我有一个好主意。”

“快说，什么好主意？”

老鱼婆在妖怪耳朵旁边小声说了一阵子。妖怪听了，高兴极了，连声说：“好主意，是个好主意！”

唐僧师徒睡到半夜，八戒冷得一个劲儿地咳嗽，睡不着，他对悟空说：“师兄，真冷啊！”

唐僧也说：“是啊，怎么这么冷呢？”

师徒四人冷得都睡不着，起来穿上衣服。他们打开门往外一看，外面白茫茫的，正在刮大风，下大雪。

悟空说：“怪不得这么冷，原来是因为这大风雪啊！”

七月份就下这么大的雪，大家都觉得有点儿奇怪。后来，他们听说通天河的水已经结了冰（jiéle bīng）。还有很多人在冰上走来走去。唐僧取经心切（qǔjīng xīnqiè），一听说通天河的水结了冰，很高兴，唐僧想：“从冰上走过通天河，就容易多了。”于是，师徒四人决定马上过通天河。

唐僧师徒四人告别了陈家庄，从冰上往通天河对岸走去。他们在冰上走了一天一夜，当他们走到河中间时，忽然听见一声巨响（jùxiǎng），冰裂开了。唐僧、猪八戒、沙和尚还没明白（míngbai）是怎么回事儿，就连（lián）行李带（dài）马一块儿掉进水里去了。只有孙悟空的动作（dòngzuò）快，他一看不好，一个跟头就跳到了空中。八戒、沙僧虽然也掉进了河里，但他们都会游泳，他们找到白龙马，捞出行李，跳到了冰面上（bīngmiàn shang）。

悟空在空中看见八戒和沙僧，就问："师父在哪里？"

猪八戒说："师父姓'陈'，名'到底'了。"

悟空说："呆子不要胡说，一定是那妖怪使的法术，使通天河冻冰（dòngbīng），让我们上了他的当，然后把师父捉去了！"

孙悟空猜对了。这个主意就是那个老鱼婆出的。她让妖怪使法术，先刮大风下大雪，再让通天河水结成冰，又派一些小妖变成人的样子，有的打着伞、有的推着车，在冰上走来走去。唐僧取经心切，知道河水结冰，一定会踩着冰过河。当师徒四人走到河中心时，立刻把冰裂开，师徒四人就会掉进水里，就能很容易抓住唐僧了。

孙悟空他们看师父不见了，只好先回到了陈家庄。陈家两兄弟听悟空说了过通天河的经过，流着眼泪说："可怜呀，可怜。我们说等冰化了，用船送你们过河，可是……"

孙悟空说："我师父不会死，这是河妖弄的法术。现在，你们帮我们洗洗衣服，晒干（shàigān）关文，拿些草来喂（wèi）白龙马。等我们弟兄救出师父，也替你们除掉（chúdiào）那个河妖。"

陈家兄弟听了十分高兴，马上给他们准备饭菜，喂了白龙马，帮他们洗干净衣服。悟空他们三个人吃饱了饭，又来到了通天河。

词 语

祈祷	qídǎo	to pray (for)
风调雨顺	fēngtiáo yǔshùn	good weather for crops
五谷丰登	wǔgǔ fēngdēng	abundant harvest of all food crops
传来	chuánlái	to waft (through the air)
吓掉了魂儿	xià diào le húnr	to be scared out of one's wits
武器	wǔqì	weapon
祭品	jìpǐn	sacrificial offering
搬	bān	to move
搬回	bānhuí	to move back
床铺	chuángpù	bed and bedding
运气	yùnqi	luck
老鱼婆	lǎo yúpó	an old female fish spirit
结冰	jiébīng	to freeze, to ice up
取经心切	qǔjīng xīnqiè	to be very anxious to get the Buddhist sutras
巨响	jùxiǎng	a loud noise
明白	míngbai	to understand
连……带……	lián……dài……	and, as well as
动作	dòngzuò	movement(s)
冰面上	bīngmiàn shang	the surface of the ice
冻冰	dòngbīng	to freeze
晒干	shàigān	to dry in the sun
喂	wèi	to feed (a person or an animal)
除掉	chúdiào	to eliminate, to remove

练　习

（一）选择与划线的词语意思相近的解释

1. “往年来的时候，我问话，他们都不敢回答，今年这孩子的胆子怎么这么大呀？”

A. 去年　　B. 往日

C. 往常　　D. 过去的那些年

2. 一个老鱼婆对妖怪说：“想捉唐僧并不难，我有一个好主意。”

A. 主义　　B. 主张

C. 意思　　D. 办法

3. 八戒冷得一个劲儿地咳嗽，睡不着，他对悟空说：“师兄，真冷啊！”

A. 很有劲儿地　　B. 一口气

C. 有意地　　D. 不停地

（二）请根据课文内容选择恰当的答案

1. 今年献给河妖的童男童女，与往年有什么不同？

A. 他们是坐在大盘子上送来的。

B. 他们被送到了河边的庙里。

C. 他们知道河妖要吃他们。

D. 他们是孙悟空和猪八戒变的。

2. 猪八戒说：“师父姓‘陈’，名‘到底’了。”的意思是什么？

A. 师父姓陈，今天正好到了陈家庄。

B. 师父换名字了。

C. 师父沉到河底去了。

D. 师父换了姓，也换了名字。

3. 下面哪一个不是唐僧落入河水中的原因？

A. 唐僧师徒取经心切，受了骗。

B. 妖怪先捉住了唐僧，再立即把冰面变成河水。

C. 唐僧不会游泳。

D. 唐僧师徒没有想到妖怪会使出这样的法术。

（三）说一说

1. 河妖为什么说他今年的运气不好？
2. 老鱼婆给河妖出了什么主意？

四十、观音菩萨捉走了河妖

悟空、八戒和沙僧到了通天河边。悟空说："兄弟，水中的本事我不如你们。我在这儿等着，你们俩先去捉妖怪，要是能捉住妖怪最好，要是捉不住他，就假装打不过他，把他从水里骗出来，我再来捉他！"

八戒和沙僧跳进通天河，到了妖怪的宫门口大喊："妖怪，快把我们的师父送出来！"

门里的小妖听了，马上去报告："大王，门外来了两个和尚，他们来要他们的师父了！"

妖怪说："这一定是唐僧的徒弟来了。快拿我的兵器来！"妖怪带了一百来个（láige）小妖，出了宫门，对八戒和沙僧说："你们是哪里来的和尚，敢到我的宫门口吵闹（chǎonào）？"

八戒说："我是唐僧的二徒弟猪八戒。前天，我在庙里变成一个小姑娘，你还要吃我，怎么今天就不认识我了？"

妖怪一听，气得大骂："你这个和尚，那天我没带武器，被你打伤了后背。今天我要和你比一比，你如果赢了我，我就还你师父；你如果不能赢我，我连你一块儿吃了……"

沙僧一听，举起宝杖，大叫："妖怪，别胡说，吃我一棒！"八戒也举起钉耙向妖怪打过去。他们在水底打了两个小时，也没分出输赢。

八戒觉得赢不了河妖，就对沙僧点了点头，两个人假装输了，回头就跑，妖怪在后面追。

悟空在空中，看见河水翻滚，过了一会儿，八戒和沙僧从河里出来了。

悟空下来问："八戒，妖怪呢？"

八戒用手一指："来了，来了！"妖怪的头刚一露出（lù chū）水面，孙悟空举起金箍棒就打。妖怪往旁边一躲，没打着。妖怪又来打孙悟空，他们俩你来我去地大打起来。可是妖怪哪打得过孙悟空啊，没打几下就不行了。"扑通"一声又钻到通天河里去了。

猪八戒说："猴哥，我和沙僧再去骗它出来，这次你看准了再打。"

悟空点头答应："好，好！老孙这回一定看准（zhǔn）了再打。"

八戒和沙僧第二次来到妖怪的宫门外。小妖马上去报告："大王，那两个和尚又来了！"

妖怪说："你们把门关好，不要去理他们！"

八戒和沙僧在门外叫了半天，妖怪就是不出来。八戒一着急举起钉耙就打妖怪的大门。但是，妖怪还是不出来。沙僧说："二哥，妖怪害怕，不敢再出来了。我们还是先回去跟大哥商量商量怎么办吧！"

悟空正拿着金箍棒等着妖怪呢，只看见八戒和沙僧上来，却不见妖怪，就奇怪地问："兄弟，妖怪怎么没出来？"

八戒和沙僧说了刚才的事儿。悟空想了想说："这样吧，你们在这儿看着，别让妖怪逃跑，我去找观音菩萨，问问那河妖是从哪儿来的！"

说着，悟空翻起跟头云，很快就到了南海。悟空看见菩萨正在竹林子里编（biān）竹篮子（zhú lánzi）。悟空对菩萨说："菩萨，我师父又遇难了，让通天河的妖怪捉去了。您知道那妖怪是什么变的吗？"

菩萨回答说："悟空，你先出去，到外面等我。"

悟空只好出来等着。

过了一会儿，菩萨手提竹篮儿，从竹林子里出来了。菩萨说："悟空，现在我跟你去救你师父吧！"

菩萨和孙悟空一块儿驾着云离开南海，来到通天河上空。

八戒、沙僧看到菩萨从空中降下来，马上下跪迎接。

菩萨笑着说："你们起来，看我来捉妖怪。"菩萨用一根丝带（sīdài）捆上竹篮子，然后用手提起丝带，站在半空中的云彩上，把竹篮子抛到河中。然后，她小声地念着咒语："死的去，活的住。死的去，活的住……"念了七遍以后，提起竹篮子。篮子里有一条红光闪闪（hóngguāng shǎnshǎn）的金鱼。红金鱼的眼睛、鱼鳞（yúlín）还在不停地动呢。

菩萨说："好了，悟空，快下水去救你们师父吧！"

悟空奇怪地问："菩萨，还没捉住河妖，怎么救师父？"

菩萨说："你们看，这篮子里不是吗？"

八戒和沙僧都笑了："什么？这条金鱼就是妖怪？它怎么有那么大的本事呀？"

菩萨说："它原来是我莲花池里的一条红金鱼。那时候，它每天浮出头来听经书（jīngshū），学了一些本领。不知是哪天，海水涨潮（zhǎngcháo），它到这儿来了。后来成了精（chéngjīng）。今天早晨我到花池边看花，没有看见它，我掐（qiā）着手指（shǒuzhǐ）算（suàn）了算，知道它正在通天河里做坏事，所以我才马上来捉它回去。"

悟空说："菩萨，请等一会儿，我叫陈家庄的百姓来亲眼看看菩萨。"

菩萨说："好吧！"

八戒和沙僧飞一样地跑到村口，高声喊着："喂，都来看活观音菩萨，都来看活观音菩萨！"

陈家庄的男女老少都跑向河边，也不顾（búgù）地上的泥（ní）和水，跪在地上，又拜又磕头。他们中间有一个会画画儿的人，把这个场面（chǎngmiàn）画了下来，传给了后人。这画儿叫做《鱼篮观音现身（xiànshēn）》。

悟空、八戒和沙僧谢过观音菩萨，观音菩萨就提着竹篮子回南海去了。

孙悟空、八戒和沙僧救出了唐僧，他们师徒一起回到了陈家庄。

词 语

来个	láige	when used after “十”“百”“千” etc., it means “about, around, approximately”
吵闹	chǎonào	to kick up a row, to make noise
露出	lùchū	to appear, emerge
准	zhǔn	accurately, clearly, precisely
编	biān	to weave
竹篮子	zhú lánzi	bamboo basket
丝带	sīdài	silk ribbon, silk band
红光闪闪	hóngguāng shǎnshǎn	gleaming red
鱼鳞	yúlín	fish scales
经书	jīngshū	Confucian classics
涨潮	zhǎngcháo	flood tide, rising tide: to rise (referring to water), to flood
成精	chéngjīng	to become a ghost or a spirit
掐	qiā	to count on the fingers, to flick the fingers when counting or calculating
手指	shǒuzhǐ	finger(s)
算	suàn	to calculate
不顾	búgù	to ignore, to disregard
泥	ní	mud
场面	chǎngmiàn	occasion
现身	xiànshēn	to appear

（一）选择与划线的词语意思相近的解释

1. 妖怪来打孙悟空，他们俩你来我去地大打起来。

   A. 你过来　　B. 你打过来要不我打过去

   C. 我过去　　D. 你打我，我打你，不断地重复

2. 八戒和沙僧飞一样地跑到村口，高声喊着："喂，都来看活观音菩萨！"

   A. 村子的大门　　B. 村子的窗口

   C. 村子的出入口　　D. 村子的十字路口

3. 他们中间有一个会画画儿的人，把这个场面画了下来，传给了后人。

   A. 站在后面的人　　B. 来晚的人

   C. 后山的人　　D. 后代

（二）请根据课文内容选择恰当的答案

1. 河妖原来是什么？

   A. 是一条鲨鱼。　　B. 是一只乌龟。

   C. 是菩萨莲花池里的大乌龟。　　D. 是菩萨莲花池里养大的一条红金鱼。

2. 河妖是怎么来到通天河的？

   A. 一天下大雨的时候。　　B. 一天发大水的时候。

   C. 一天河水结冰的时候。　　D. 一天海水涨潮的时候。

3. 这次谁没能来看观音菩萨？

   A. 唐僧　　B. 陈家庄的女人

   C. 陈家庄的小孩儿　　D. 陈家庄的老人

（三）说一说

1. 观音菩萨是怎么知道红金鱼在通天河的？
2. 观音菩萨是怎么捉住河妖的？

四十一、唐僧师徒过了通天河

陈家庄的百姓知道观音菩萨捉走了通天河的妖怪，都很高兴。这天晚上，陈家兄弟还留唐僧师徒住在他们的家里。

第二天早晨，全村的老人和小孩儿都来送行。他们把唐僧师徒送到通天河边。有的人送钱给唐僧师徒，有的送来吃的东西，有的准备船，有的要当他们的水手（shuǐshǒu）。河边非常热闹。

唐僧师徒正准备过河的时候，忽然听见水里有叫声："孙大圣，不要急，我送你们过河去！"

陈家庄的百姓听见水里有叫声，以为又出了妖怪，胆儿小的吓得跑走了，胆儿大的留下来偷偷地看着。

不一会儿，从水里钻出来一个有三间房子那么大的老乌龟。悟空举起金箍棒喊着："你再往前走，就打死你！"

老乌龟伸伸脖子说："我是来感谢大圣的，我愿意送你们师徒过河去，我是好心的。怎么？你们要打我？"

悟空问："你为什么要谢我？"

老乌龟说："大圣，这通天河底的宫殿原来是我们乌龟家族的家，是祖上（zǔshàng）留给我们的。可是，九年前的那次海啸（hǎixiào），那个河妖随着海潮来到这儿。河妖打伤了我的儿女和我的许多亲戚。因为我打不过河妖，我们的宫殿白白地被河妖占（zhàn）了。现在大圣请观音菩萨捉走了妖怪，那宫殿又还给了我们。如今我们老少团圆（tuányuán），陈家庄的人也不用年年送童男童女了，一举两得（yì jǔ liǎng dé）。这么大的恩情（ēnqíng），怎么能不感谢，怎么能不报答（bàodá）呢？"

悟空听了很高兴，收起金箍棒问："你说的是真话吗？"

老乌龟说："我怎么敢说谎？"

悟空说："既然是真的，你敢对天发誓（duìtiān fāshì）吗？"

老乌龟说："我对天发誓，如果不是真心送唐僧过通天河，我的身子就化成血水。"

悟空说："那好，你过来吧！"

老乌龟爬到岸上，大家走过去一看，老乌龟背上的盖子（gàizi）真大，有四丈宽，四丈多长。

悟空说："师父，我们到它背上去，它送我们过河。"

唐僧说："徒弟啊，我怕它的背不稳（wěn）。"

老乌龟说："师父放心，我稳得很呢！"

悟空说："师父，凡是（fánshì）会说人话的动物，一定不会撒谎（sāhuǎng）。兄弟们，快把马牵过来。"

河边上，陈家庄的男女老少，一齐来拜送。悟空先把马牵到乌龟的大盖儿上，再请师父站在马脖子的左边，沙僧站在右边，八戒站在马的后边，自己站在马前边。安排好后，开始过河。老乌龟在河里游着，它蹬（dēng）着四条腿，在水里比在平地上走还稳。唐僧师徒在老乌龟的背上，比坐船还舒服（shūfu）。

陈家庄的人在岸上烧香磕头，一直到看不见唐僧师徒了，才回家去。

唐僧师徒走了不到一天的时间，就过了八百里的通天河。他们上岸的时候，身上的衣服一点儿也没湿（shī）。

唐僧双手合十对老乌龟说："老乌龟，辛苦你了，谢谢你！现在我没有什么东西能送给你，等我取经回来再来谢你吧！"

老乌龟说："师父不用谢我。我在这通天河里修行（xiūxíng）了一千三百多年。虽然会说人话，但还不能脱掉我的盖儿，变成人。听说，西天的如来佛能知道过去和未来（wèilái），请师父看到他的时候帮我问问，什么时候我才能变成一个人。"

唐僧点头答应说："放心，我一定给你问问。"

老乌龟谢了唐僧就回到水里去了。悟空扶着师父上了马。八戒挑起行李，沙僧跟在后面。唐僧师徒找到大路，继续向西走去。

词语

水手	shuǐshǒu	sailor
祖上	zǔshàng	ancestors
海啸	hǎixiào	tsunami
占	zhàn	to seize, to occupy, to take by force
团圆	tuányuán	to have a (family) reunion
一举两得	yì jǔ liǎng dé	to kill two birds with one stone
恩情	ēnqíng	grace, favor, benevolence
报答	bàodá	to repay
对天发誓	duìtiān fāshì	to swear to heaven
盖(子)	gài(zi)	shell (of a turtle or tortoise), carapace
稳	wěn	steady, stable
凡是	fánshì	every, all, whatever
撒谎	sāhuǎng	to tell lies
蹬	dēng	to press down with the foot
舒服	shūfu	comfortable
湿	shī	damp, moist
修行	xiūxíng	to practise Buddhism or Taoism
未来	wèilái	the future

练习

(一) 选择与划线的词语意思相近的解释

1. 因为我打不过河妖，我们的宫殿<u>白白地</u>被河妖占了。

A. 没有报偿地　　B. 很快地

C. 随便地　　D. 完全地

2. 那宫殿又还给我们了，如今我们老少团圆。

A. 现在　　B. 如果

C. 那么　　D. 好像今天

3. 悟空说："兄弟们，快把马牵过来。"这里的"兄弟"指谁？

A. 哥哥和弟弟　　B. 自己

C. 朋友　　D. 师弟

（二）请根据课文内容选择恰当的答案

1. 下面哪一件事情不是陈家庄的人做的？

A. 送钱、送吃的。　　B. 准备过河用的船。

C. 当唐僧师徒的水手。　　D. 为唐僧师徒请来了老乌龟。

2. 关于乌龟，文中没有介绍的是：

A. 乌龟的大小　　B. 乌龟盖儿的大小

C. 乌龟修行的时间　　D. 乌龟要变成人的日期

3. 下面哪一项和文中的意思相同？

A. 八戒站在马脖子的右边儿。

B. 沙僧站在马脖子的左边儿。

C. 悟空站在马的前边儿。

D. 唐僧站在马的后边儿。

（三）说一说

1. 陈家庄的人是怎么欢送唐僧师徒的？

2. 老乌龟为什么要感谢孙悟空？

四十二、唐僧师徒来到了火焰山

唐僧师徒离开了通天河，又向西走了很久，他们一路上战胜（zhànshèng）了很多艰难险阻（jiānnán xiǎnzǔ）。这一天，师徒四人继续向西前进（qiánjìn），走着走着，觉得热气蒸人（rèqì zhēng rén）。

唐僧说："徒弟，现在已经是秋天了。天气怎么这么热呢？"

八戒说："听说西方有个什么国，是太阳落下来的地方。这儿热气蒸人，我想可能是走到那个日落的地方了。

悟空听了，笑着说："呆子就会乱说！日落的地方在天边儿，离这儿还远得很呢。像师父这样，走得这么慢，就是从小走到老，走三生也走不到那儿。"

八戒说："猴哥，像你这么说，这儿不是日落的地方，为什么会这么热呢？"

唐僧说："悟空啊，你看，前边有一户人家。你去问问，这是什么地方，为什么这么热？"

孙悟空到了那家的门口，敲了敲门。从屋子里走出来一个五六十岁的老人。他看到孙悟空的毛脸儿，吃了一惊，忙问："你们是从哪里来的怪人？到我这儿有什么事？"

悟空说："老人家，不要怕。我们师徒四人是东土大唐派往西天取经的和尚，走到这里，觉得天气太热，不知是什么原因，所以来问问您。"

老人听了悟空的话，放心了，笑着把唐僧师徒请进了屋，让他们喝茶，为他们准备饭菜。老人介绍说："这个地方叫火焰山，这里没有春天，没有冬天，一年四季都是这么热。"

唐僧问："那山在哪个方向？它挡没挡住往西去的路？"

老人说："西方可去不得！那山离这儿有六十里远，往西去非经过那座山不可。火焰山前后有八百里的火焰，周围寸草不生（cùn cǎo bù shēng）。就是一个铜（tóng）脑袋、铁身子的人，过火焰山也会化成汁儿（huàchéng zhīr）的。"

唐僧听了，心里十分着急。悟空问："一年四季都这么热，你们怎么种地（zhòngdì），收粮食（shōu liángshi）呢？"

老人说："要是种地，收粮食，就要去求铁扇（shàn）仙。离这儿不远有一座山，山上有一个芭蕉（bājiāo）洞，洞里住着铁扇仙。她有一把芭蕉扇，是一个宝贝。扇（shān）一下，火就能灭，扇两下就能刮风，扇三下就能下雨。我们这儿的人总是要准备很多礼物，去求铁扇仙。"

悟空听了很高兴，就想马上去借芭蕉扇。老人又说："你们出家人，没有礼物是不容易借来的。再说，那芭蕉洞离这儿有一千四百多里，往返（wǎngfǎn）要走一个月，路上没有人家，一个人去不行。"

悟空笑着说："没关系，没关系！我走了！"说着，一下跳到空中，不见了。

老人吃惊地说："他原来是一个会腾云驾雾（téngyún jiàwù）的神人啊！"

悟空到了那座高山，正在找芭蕉洞的时候，忽然看见一个打柴（dǎchái）的人。悟空走过去行了个礼问："请问，铁扇仙住的芭蕉洞在什么地方？"

打柴的人回答："铁扇仙是牛魔王的妻子。你从这条小路往前走不远就是她住的芭蕉洞了。"

悟空心里想："又碰上对头（duìtou）了。她的儿子红孩儿被我降了，她能借给我扇子吗？"悟空没有别的办法，只好继续往前走。没走多远，就到了芭蕉洞的洞口。他敲了一下门，大声喊着："牛大哥，开门！开门！"

洞门开了，走出一个女童，问："你是哪里来的和尚？到这儿有什么事？"

悟空说："小姑娘，我叫孙悟空，请你告诉牛魔王，就说我要过火焰山，跟他借芭蕉扇用用。"

女童说："我家大王不在家，只有夫人铁扇公主（gōngzhǔ）在家！"

悟空说："那好吧，就请你跟你们夫人说说去吧！"

女童回到洞里，跪在铁扇公主面前说："奶奶，洞门外有个东土来的和尚叫孙悟空，要借芭蕉扇，过火焰山时用一用。"

铁扇公主一听"孙悟空"三个字就火儿了。她拿起宝剑来到洞外，指着孙悟空大骂："你这个猴头儿，你为什么害我的儿子红孩儿？现在你想借扇子？没门儿（méiménr）！看剑！"说着就给了孙悟空一剑。孙悟空往后一退说："嫂子（sǎozi），你儿子要吃我师父，观音菩萨收他作了善财童子（Shàncái Tóngzǐ），这不是很好的事儿吗？再说，我和牛魔王还是兄弟，是好哥们儿！嫂子，快把扇子借给我用用吧！"

铁扇公主说："猴头儿，你少废话（fèihuà）！把你的头伸过来，让我砍你几剑！你让我砍，我就借你芭蕉扇，不然的话，你甭（béng）想！"

悟空笑着说："嫂子，老孙的头让你随便砍。但是，你要说话算话（shuōhuà suànhuà），砍完了，你要把芭蕉扇借给我用用。"

铁扇公主不回答，双手拿剑，"乒乒乓乓"，对着孙悟空的头砍了十几下。悟空一点儿事儿也没有，还对着铁扇公主笑。铁扇公主觉得砍不死孙悟空，心里害怕，回身就跑。

悟空跟上去说："嫂嫂，别走啊！快把芭蕉扇借给我用一用！"

"不借！不借！"铁扇公主一边跑，一边回答。

悟空说："你真不借就吃我一棒！"悟空从耳朵里拿出金箍棒，摇了摇，对着铁扇公主就打。两个人打了一阵儿。铁扇公主觉得自己打不过孙悟空，就取出芭蕉扇，对着孙悟空扇了一下儿。这一下儿把孙悟空扇得无影无踪（wúyǐng wúzōng）。

铁扇公主赢了孙悟空，高高兴兴地回芭蕉洞去了。

词语

战胜	zhànshèng	to overcome
艰难险阻	jiānnán xiǎnzǔ	difficulties and obstacles
前进	qiánjìn	to advance; to go forward; to proceed
热气蒸人	rèqì zhēng rén	steaming hot
寸草不生	cùn cǎo bù shēng	not even a blade of grass grows
铜	tóng	bronze
化成汁儿	huàchéng zhīr	to turn into juice
种地	zhòngdì	to farm
收粮食	shōu liángshi	to harvest food crops
扇	shàn	a fan
芭蕉	bājiāo	Japanese banana, musa basjoo (the plant or its fruit)
扇	shān	to fan
往返	wǎngfǎn	to go and return; round trip
腾云驾雾	téngyún jiàwù	"mount clouds and ride mists"; race across the sky, speed through space
打柴	dǎ chái	to gather wood
对头	duìtou	enemy, adversary
公主	gōngzhǔ	princess
没门儿	méiménr	Nothing doing!
嫂子	sǎozi	literally this means the wife of one's elder brother, but it is also used as a polite address for a married woman more or less of one's own age
善财童子	Shàncái Tóngzǐ	Sudhana, disciple of Buddha
废话	fèihuà	nonsense; to talk nonsense (in this context: 少废话, Stop talking rubbish!)

甭	béng	甭（short for 不用 búyòng）there's no need to
说话算话	shuōhuà suànhuà	to fit deeds to words
无影无踪	wúyǐng wúzōng	to vanish without a trace

（一）选择与划线的词语意思相近的解释

1. 像师父这样，走得这么慢，就是从小走到老，走三生也走不到那儿。

   A. 三年　　B. 三十年

   C. 三辈子的时间　　D. 好几年

2. 悟空心里想："又碰上对头了。她的儿子红孩儿被我降了。她能借给我扇子吗？"

   A. 对手　　B. 高手

   C. 对面来的人　　D. 仇人

3. 铁扇公主一听"孙悟空"三个字就火儿了。

   A. 高兴　　B. 发怒

   C. 扇火　　D. 着急

（二）请根据课文内容选择恰当的答案

1. 关于芭蕉扇，文中没有介绍的是：

   A. 扇一下儿火焰山的大火就灭。

   B. 扇两下儿就能刮风。

   C. 扇三下儿就下雨。

   D. 扇四下儿就能出太阳。

2. 关于铁扇公主，文中没有介绍的是：

   A. 铁扇公主住在芭蕉洞里。

   B. 铁扇公主是牛魔王的妻子。

C. 铁扇公主是红孩儿的母亲。

D. 铁扇公主有一个男孩儿，一个女孩儿。

3. 关于火焰山，文中没有介绍的是：

A. 火焰山前后有八百里的火焰。

B. 火焰山周围寸草不生。

C. 火焰山这儿一年四季都热气蒸人。

D. 只有铜脑袋、铁身子的人能过火焰山。

（三）说一说

1. 铁扇公主用什么办法赢了孙悟空？

2. 说一说火焰山的情况，你知道《西游记》中说的火焰山在哪儿吗？

四十三、孙悟空进了铁扇公主的肚子

铁扇公主取出芭蕉扇，一下子把孙悟空扇到半空中去了。孙悟空像一片秋天的落叶（luòyè），在风中飘（piāo）啊飘。孙悟空想停下来，可是不能，在空中飘飘荡荡（piāopiāo dàngdàng），一直飘了一夜，到第二天天亮时才落在一座高山上。悟空用双手抱住一块石头，定了定神（dìngshén），仔细一看，认得这个地方，心想："从芭蕉洞到这儿已经飘了五万多里了，这个铁扇公主真厉害呀！"

悟空认识这座山上的灵吉（Língjí）菩萨，所以就去找灵吉菩萨想办法。菩萨对悟空说："那芭蕉扇如果扇了一般（yìbān）的人，那人就得飘八万四千里。大圣是有法力的人，所以飘到这山上就停住了。"

悟空问："这扇子这么厉害，铁扇公主不借给我，我师父怎么能过火焰山呢？"

灵吉菩萨说："大圣，你别担心。当年如来佛送给我一粒定风丹（dìngfēngdān），我把它送给你，铁扇公主就扇不动你了。"菩萨从衣袖里取出一个小小的袋子，从里边拿出那粒定风丹，放在悟空的衣领里边，还用针线（zhēn xiàn）缝好（féng hǎo），然后送悟空出了大门。灵吉菩萨又说："我不留你了，你往西再往北，就到芭蕉洞了。"

悟空很高兴，拜谢了灵吉菩萨，一个跟头回到了芭蕉洞口。他用金箍棒敲着门喊："开门，开门！老孙又来借扇子了！"

铁扇公主一听是孙悟空回来了，心想："这猴头真有本事，这么快就回来了。这次，我要一连扇他三下儿，把他扇得远远的，让他找不到回来的路！"

铁扇公主走出洞门说："你这猴头儿，又来找死？"

孙悟空笑了笑说："嫂子，你别这么小气，把扇子借我用用吧！扇灭了火焰山的火，立刻就还给你！"

"不借！"说着，铁扇公主又拿起芭蕉扇，朝孙悟空用力一扇。孙悟空有了定风丹，站在那儿一动也没动。铁扇公主又扇了好几下，孙悟空还是站在原来的地方。这下儿，铁扇公主可真害怕了。她马上收了芭蕉扇，跑回洞里，把门紧紧地关上了。

悟空看铁扇公主关了大门，就拆开衣领，把定风丹拿出来含在嘴里，摇身一变，变成一只小虫，从门边钻了进去。悟空听见铁扇公主说："渴死我了，快拿茶来！"女童马上给铁扇公主端来一杯茶。悟空变成的小虫飞到茶杯上，当铁扇公主大口大口地喝茶时，悟空变成的小虫也和茶水一起进了铁扇公主的肚子。

悟空大声喊："嫂嫂，快把扇子借我用用！"

铁扇公主吓得变了脸色："孙悟空怎么在屋里喊呢？"

女童说："好像在你身上喊呢！"

铁扇公主大声问："孙悟空，你在哪儿？"

"我在嫂嫂的肚子里玩儿呢！"说着，悟空用脚一蹬。铁扇公主的肚子像刀扎（zhā）一样疼。悟空又喊："嫂嫂，你饿了，我再送你一些点心吃吧！"悟空又用头往上一顶。铁扇公主疼得受不了了（shòubuliǎo le），在地上直打滚，还不停地叫："孙叔叔，你饶了我吧，饶了我吧！"

孙悟空在铁扇公主的肚子里停下来说："你才知道孙叔叔吗？我看在牛大哥的面子（miànzi）上，饶了你。你快把扇子拿出来！"

铁扇公主说："行，行！"铁扇公主马上叫女童拿出一把芭蕉扇，放在身边。然后张开嘴，让孙悟空出来。

悟空爬到铁扇公主的嘴里，看见真的有一把扇子放在铁扇公主身边，才从铁扇公主的嘴里飞出来，现了原形。悟空拿着扇子说："谢谢了，嫂嫂！"说着就往外走，女童马上打开洞门。孙悟空刚一出门，女童就赶快关上了洞门。

词　语

落叶	luòyè	fallen leaves
飘	piāo	to flutter, to float
飘飘荡荡	piāopiāo dàngdàng	swaying or floating leisurely (of a flag in the wind, a boat on the waves, etc.)
定神	dìngshén	to concentrate one's attention
灵吉	Língjí	Lingji (name of a Bodhisattva)
一般	yìbān	ordinary, usual
定风丹	dìngfēngdān	a pill or elixir to calm the winds
针线	zhēn xiàn	needle and thread
缝好	féng hǎo	to sew up
扎	zhā	to pierce, to prick
受不了了	shòubuliǎo le	was not able to bear, was not able to endure
面子	miànzi	reputation; prestige; face

练　习

（一）选择与划线的词语意思相近的解释

1. 这次，我要一连扇他三下儿，把他扇得远远的，让他找不到回来的路！

A. 重重地　　B. 轻轻地

C. 连续不断　　D. 连环

2. 这下儿，铁扇公主可真害怕了。

A. 扇一下儿　　B. 这一次

C. 这天　　D. 这人

3. 孙悟空笑了笑说："嫂子，你别这么小气，把扇子借我用用吧！"

A. 吝啬　　B. 小脾气

C. 生气　　D. 小孩子气

（二）请根据课文内容选择恰当的答案

1. 铁扇公主的扇子要是扇一下一般的人，那人会飘多少里地？

A. 五万多里　　B. 八万四千里

C. 一千四百五六十里　　D. 十万五千里

2. 关于定风丹，文中没有介绍的是：

A. 定风丹的来历　　B. 定风丹的作用

C. 定风丹的主人　　D. 定风丹的大小

3. 孙悟空进芭蕉洞的时候，把定风丹放在哪儿了？

A. 衣服领子里　　B. 衣服袖子里

C. 肚子里　　D. 含在嘴里

（三）说一说

1. 孙悟空是怎么钻进铁扇公主的肚子里的？

2. 为什么孙悟空要钻进铁扇公主的肚子里去？

四十四、孙悟空再找牛魔王

孙悟空拿着芭蕉扇从芭蕉洞里走出来，一个跟头回到了唐僧他们住的地方。八戒看见悟空，高兴地对师父说："师父，师兄回来了！"

唐僧和房东老人还有沙僧马上出门迎接。沙僧接过芭蕉扇拿进屋里，把芭蕉扇靠（kào）在墙边儿。唐僧问老人："是这把扇子吗？"

老人回答："正是，正是。"

唐僧高兴地说："好徒弟，你能借来这个宝贝，你的功劳真不小，你受累了！"

"累是不太累。那铁扇仙，您知道她是谁？她是牛魔王的妻子，红孩儿的母亲，又叫铁扇公主。她不但不借我扇子，还……"孙悟空把借芭蕉扇的经过说了一遍。

听完借芭蕉扇的经过，师徒四人整理好行装（xíngzhuāng），向火焰山走去。走了四十来里路，就感到酷热（kùrè）蒸人。

沙僧说："地上太烫了，脚底烙得慌（lào de huang）。"

八戒又说："手烫得疼啊！"

马也比平常走得快，因为地面太热，不能停留。师徒四人越往前走越困难。

悟空说："师父，你们别再往前走了。等我先去扇灭了火，等刮过风、下过雨之后，再过去吧。"

说完，悟空举着芭蕉扇到了火焰山的前边。他用力一扇，那山上的火不但没灭，而且比刚才大了一百倍（bèi）。再扇一下，那火焰足有一千丈高，大火烧着了悟空身上的毛。孙悟空赶快从火里逃出来，可是屁股上的毛已经被烧光了。

孙悟空跑到唐僧面前说："师父，我被骗了，快回去，快回去！火来了，火来了！快跑！"

师徒四人一直向东跑了二十多里路，才停下来。他们跑得又累又渴。忽然，前边来了一位老人。他走过来向唐僧行了个礼说：

"我是火焰山的土地神，知道大圣保护唐僧来到这里，不能再往前走，我给你们送饭来了。"

悟空说："现在吃饭是小事情，这火什么时候能灭？我师父怎么过火焰山是大事情。"

土地神说："大圣不要着急，你借来的扇子不是真的。要想借真扇子，得去找牛魔王。"

悟空问："这火焰山的火是牛魔王放的吗？"

"大圣啊，这火不是牛魔王放的，是你放的！"

"什么？是我放的？你不要胡说。我是那种放火（fànghuǒ）的人吗？"

"大圣别生气，这里原来没有火焰山。五百年前，大圣从太上老君的八卦炉里跳出来时，蹬倒（dēngdǎo）了八卦炉，掉下来几块着火（zháohuǒ）的砖头（zhuāntóu），落到这儿就变成了火焰山。我本来是为太上老君看八卦炉的道人（dàoren）。大圣逃走，太上老君说我没有管好八卦炉，就把我降到这儿，做了火焰山的土地神。"

孙悟空听了土地神的话，马上问："你告诉我，到哪儿才能找到牛魔王呢？"

土地神说："离这儿三千里的地方，有一座山。山上有个摩云洞（Móyúndòng），洞里有个狐狸王（húliwáng）。两年前，狐狸王死了，留下一个漂亮的女儿叫玉面公主（Yùmiàn Gōngzhǔ）。公主有很多钱财，但是没有人能保护她。她听说牛魔王很有本事，就让牛魔王住到了摩云洞作丈夫。大圣，你到那里一定能找到牛魔王。"

悟空问："摩云洞在哪个方向？"

土地神说："在正南方。"

孙悟空让八戒和沙僧好好保护师父，自己翻起跟头就去摩云洞了。

孙悟空到了摩云洞附近，他看见一个女子手里拿着一把花走过来。这女子黑黑的眉毛（méimao），大大的眼睛，苗条（miáotiao）的身体，长得非常美丽。

悟空走过去问："前边是摩云洞吗？"

那女子抬头一看，吓了一跳，问："你是哪儿来的？到这儿有什么事？"

孙悟空想了一下说："是芭蕉洞的铁扇公主让我来请牛魔王的。"

这女子一听铁扇公主的名字，立刻生起气来，满脸通红地骂道："这个女人，太不知足（bù zhīzú）！自从大王到我家，我不知道送给她多少金银珠宝了，怎么又让你来请大王？"

孙悟空听了，知道这个女子就是玉面公主，就故意拿出金箍棒大声喊："你这个坏女人，用钱把牛魔王拉来，让别人夫妻分开，你还敢骂别人？"

玉面公主吓得丢下花，回头就跑，跑进摩云洞，一下儿把门关上。孙悟空被关在洞门外。

玉面公主跑进洞里，倒在牛魔王的怀里（huáili），放声（fàngshēng）大哭。

牛魔王笑眯眯地说："美人儿，你别着急，有什么话就说。"

玉面公主说："是你害了我！"

牛魔王笑着说："为什么？"

玉面公主说："我的父母死了，我无依无靠（wúyī wúkào），所以请你来保护我。江湖中说你是条好汉，其实你是个怕老婆的胆小鬼（dǎnxiǎoguǐ）！"

牛魔王抱住玉面公主说："美人儿，我有什么不对的地方，你慢慢告诉我，我给你赔礼道歉！"

玉面公主一边哭一边把刚才发生的事情告诉了牛魔王。牛魔王给玉面公主擦了擦眼泪，赔了礼道了歉，玉面公主才不生气了。牛

魔王又说："我现在出去看看。"

牛魔王一出门就喊："是谁在我门口无礼？"

孙悟空一看牛魔王出来了，马上过去行了一个礼，说："大哥，还认得小弟吗？"

牛魔王说："你不是齐天大圣孙悟空吗？"

悟空说："对，对！好久没见大哥了，今天小弟来看你。小弟因为保护唐僧去西天取经，过不了火焰山，想借芭蕉扇用用。昨天去嫂子那儿，她不愿意借给我。请大哥到嫂子那儿把扇子要来，借我用用，用完马上就还。"

牛魔王听了，气得骂道："你这猴头，我儿子红孩儿的仇还没报。昨天你一定又让我的妻子生气了。她才不想借给你扇子。刚才你又吓哭了我的爱妾（qiè）。我怎么能饶你呢？"说着，牛魔王朝孙悟空打过来，孙悟空也拿出金箍棒去挡。俩人就打了起来。

正打得不分输赢的时候，忽然听见有人喊："牛爷爷，我们大王请你去喝酒，快去吧！"

牛魔王一听请他喝酒，就高兴起来，说："好，我马上就去。"牛魔王又对孙悟空说："现在不打了，等我喝完酒回来再打！"说完，牛魔王回洞里换衣服准备喝酒去了。

词语

靠	kào	lean against
行装	xíngzhuāng	luggage, baggage
酷热	kùrè	extremely hot
烙得慌	lào de huang	to burn terribly
倍	bèi	times (in this context: 一百倍 a hundred-fold)
放火	fànghuǒ	to set on fire, to commit arson

蹬倒	dēngdǎo	to trample on and topple an object
着火	zháohuǒ	to catch fire
砖头	zhuāntóu	a brick, bricks
道人	dàoren	Taoist
摩云洞	Móyúndòng	Touch-the-clouds Cave
狐狸王	húliwáng	fox king
玉面公主	Yùmiàn Gōngzhǔ	Princess Yumian (玉面 means beautiful face)
眉毛	méimao	eyebrows
苗条	miáotiao	slender and graceful
不知足	bù zhīzú	greedy, insatiable
怀里	huáili	in somebody's embrace, in somebody's arms
放声	fàngshēng	loudly
无依无靠	wúyī wúkào	to have no family to rely on
胆小鬼	dǎnxiǎoguǐ	coward
妾	qiè	concubine

练　习

（一）选择与划线的词语意思相近的解释

1. 唐僧和<u>房东老人</u>还有沙僧马上出门迎接。

A. 房子东边　　B. 东边的房子

C. 房子的主人　　D. 房客

2. 再扇一下，那火焰<u>足有</u>一千丈高。

A. 只有　　B. 还没有

C. 最多有　　D. 至少有

3. 唐僧高兴地说："好徒弟，你能借来这个宝贝，你的功劳真不小，你受累了！"

A. 你看起来太累了。　　B. 你受不了这么累。

C. 你去休息一会儿。　　D. 你真辛苦了。

（二）请根据课文内容选择恰当的答案

1. 关于假芭蕉扇的作用，文中没有介绍的是：

A. 火焰比以前大了一百倍。

B. 火焰有一千丈高。

C. 火焰烧着了孙悟空身上的毛。

D. 火焰比以前大了一千倍。

2. 关于火焰山的土地神，文中没有介绍的是：

A. 土地神讲了火焰山的来历。

B. 土地神讲了自己的来历。

C. 土地神说孙悟空借来的是假芭蕉扇。

D. 是土地神给了牛魔王芭蕉扇。

3. 下面哪一项不是牛魔王生孙悟空气的原因？

A. 孙悟空来向牛魔王借芭蕉扇。

B. 昨天孙悟空让铁扇公主生气了。

C. 刚才孙悟空吓哭了玉面公主。

D. 孙悟空降红孩儿的仇。

（三）说一说

1. 说一说火焰山是怎么形成的？
2. 为什么牛魔王不借给孙悟空芭蕉扇？

四十五、孙悟空得到了真芭蕉扇

牛魔王到朋友家喝酒去了。孙悟空想："这老牛不知道又认识了什么新朋友，我老孙跟着他去看看吧。"孙悟空变成一阵清风（qīngfēng），追上了牛魔王。走着走着，突然，牛魔王不见了。悟空马上现了原形，到山上去找。找了一会儿，看见山中有一个深潭（shēn tán），潭水很清澈（qīngchè）。孙悟空想："牛魔王一定是到水里去了。水底的妖精（yāojing），如果不是龙精，就一定是鱼精、龟精。我老孙也下去看看吧。"

孙悟空把自己变成一只大螃蟹（pángxie），钻进水里，沉到潭底。孙悟空看见前面有一座很漂亮的小楼。他爬进去先看见牛魔王脱下来的衣服挂在大门口儿，又听见从里面传来了音乐声。再往里，又看见牛魔王正坐在那里，老龙王坐在牛魔王的对面，两边是龙婆、龙子、龙孙。孙悟空看了一会儿，心想："老牛在这里喝酒，什么时候才能喝完呢？就是喝完酒，他也不会把扇子借给我。不如趁（chèn）这个机会（jīhuì），偷走牛魔王的衣服，变成牛魔王的样子，去铁扇公主那儿把芭蕉扇骗过来。"想到这儿，孙悟空爬出小楼，变成牛魔王的样子，穿上牛魔王挂在门口的衣服，一个跟头返回了芭蕉洞。

孙悟空在门口喊了一声："开门！"

看守（kānshǒu）洞门的女童开了门，她一看是牛魔王，就马上进去报告："奶奶，爷爷回来了！"

铁扇公主高兴地整理了一下衣服，马上出来迎接，拉着"牛魔王"的手进了芭蕉洞。孙悟空在铁扇公主的身边坐下。

铁扇公主说："大王爱新娘子（niángzǐ），早把我忘了吧？今天是什么风把你吹来了？"

孙悟空笑着说："只是因为玉面公主那儿有很多事要我办，所以没有空儿回来。我哪能忘了你啊？"孙悟空看铁扇公主很高兴，又说："听说孙悟空那猴子保护唐僧，最近到了火焰山。要是他来你这儿借扇子，你马上派人告诉我，我要捉住他，给咱们的儿子报仇。”

听了孙悟空的话，铁扇公主流下了眼泪：“大王，你不知道，那猴头已经来过了。我还差点儿被他害了……”铁扇公主把孙悟空来借扇子的经过说了一遍。然后，铁扇公主叫人拿来酒和菜，先倒了一杯酒给悟空，说：“大王，你有了新娘子，千万不要忘记我，给你喝一杯家乡（jiāxiāng）的酒吧！”

孙悟空不敢不接，只好接过酒杯，笑眯眯地说：“夫人先喝，你每天守护着我们的家，我应该谢谢你才对。”

铁扇公主也笑嘻嘻地说：“夫妻之间还说什么谢谢！”两人客客气气地寒暄（hánxuān）了一阵儿，才坐下来喝酒。悟空不敢破荤（pò hūn），只吃了几个果子。

喝了几杯酒之后，悟空看铁扇公主有点儿醉（zuì）了。就说：“夫人，你一定要把扇子收好，可别让猴头骗走了。”

“大王放心。”铁扇公主笑嘻嘻地从嘴里吐出一片像杏树（xìngshù）叶子一样小的扇子，交给孙悟空说：“你看，这不是咱们的宝贝吗？”

孙悟空拿着小扇子，有点不相信，心想：“这么小的扇子怎么能把火焰山的大火扇灭呢？也许又是假的。”

铁扇公主看孙悟空不说话，拉着他的手说：“大王，你想什么呢？快收了宝贝，咱俩喝酒吧！”

他们一起喝了几杯酒以后，孙悟空说：“这么个小东西，怎么能扇灭八百里的大火呢？”

铁扇公主真有点醉了，她没有想到坐在身边的是个假牛魔王，就靠在孙悟空的身上说：“大王，你去玉面公主那儿住了两年，就把自己家里的宝贝忘了？”然后就说了一遍把扇子变大的口诀。

孙悟空把变扇子的口诀记在心里，然后马上把小扇子放进自己的嘴里，摸了一下儿脸，现了原形，大喊：“铁扇公主，你看看我是你老公吗？”铁扇公主一看是孙悟空，羞愧得坐在地上，大哭起来。

孙悟空马上出了芭蕉洞，一个跟头翻到空中。孙悟空想试试铁扇公主告诉他的口诀，就从嘴里拿出扇子，照着铁扇公主的办法念了口诀，小扇子真的一下子变大了，变得有一丈二尺多长。孙悟空高兴极了，可是他只学了把扇子变大的方法，不知道让扇子变小的口诀。怎么办呢？孙悟空只好扛着一丈二尺多长的大扇子回去找唐僧。

牛魔王在老龙王那儿喝完酒出来，准备穿衣服，才发现挂在那儿的衣服没有了。牛魔王问了一下，没有人看见他的衣服。老龙王问门口的人，有没有看见生人（shēngrén）进来过，看门人说："你们喝酒的时候，从外面进来过一只螃蟹。"

牛魔王听了，心里立刻明白了："你们不用说了，一定是孙悟空偷走了。他变成我的样子，去铁扇公主那儿骗芭蕉扇去了。"

牛魔王很快来到芭蕉洞，看见铁扇公主正在大哭，就知道孙悟空来过了。牛魔王问："夫人，孙悟空往哪里走了？"

铁扇公主哭着说："那猴头儿变成你的模样，骗走了我的宝贝。真是气死我了！气死我了！"

牛魔王说："夫人多保重（bǎozhòng），不要心急，等我去追那猴子，拿回宝贝，再剥了他的皮，剁碎（duòsuì）他的骨头，拿出他的心，给你出这口气。"说完，牛魔王拿起兵器就向火焰山的方向追去了。

词语

清风	qīngfēng	cool breeze
深潭	shēn tán	deep pool of water
清澈	qīngchè	limpid, clear
妖精	yāojing	demon

螃蟹	pángxie	crab
趁……机会	chèn……jīhuì	take advantage of an opportunity
看守	kānshǒu	to guard
娘子	niángzǐ	wife
家乡	jiāxiāng	hometown, native place
寒暄	hánxuān	to exchange pleasantries
破荤	pò hūn	break vegetarian regimen
醉	zuì	drunk, intoxicated
杏树	xìngshù	apricot tree
生人	shēngrén	a stranger
保重	bǎozhòng	to take care of yourself (this is often said on parting)
剁碎	duòsuì	to mince

（一）选择与划线的词语意思相近的解释

1. 不如趁这个机会，偷走牛魔王的衣服，变成牛魔王的样子，去铁扇公主那儿把芭蕉扇骗过来。

A. 比不上　　B. 比不了

C. 还是　　D. 如果

2. 孙悟空爬出小楼，变成牛魔王的样子，穿上牛魔王挂在门口的衣服，一个跟头返回了芭蕉洞。

A. 回到　　B. 返程

C. 过去　　D. 回复

3. 孙悟空说："铁扇公主，你看看我是你老公吗？"

A. 老头儿　　B. 丈夫

C. 老男人　　D. 老公公

（二）请根据课文内容选择恰当的答案

1. 为了到深潭底找牛魔王，孙悟空变成了什么？

   A. 龙精　　B. 螃蟹

   C. 龟精　　D. 鱼精

2. “今天是什么风把你吹来了？”的意思是：

   A. 今天你是被风吹来的吗？

   B. 你怎么一刮风就来？

   C. 你今天是为什么来呢？

   D. 什么样的风向你才会来？

3. 最后一段中的“给你出这口气”是什么意思？

   A. 你呼出来一口气。　　B. 让你说出这句气话。

   C. 给你吹口气。　　D. 替你发泄心里的怨气。

（三）说一说

1. 孙悟空是怎么得到真芭蕉扇的？
2. 说一说铁扇公主和“牛魔王”的对话。

四十六、牛魔王骗走了芭蕉扇

孙悟空扛着大芭蕉扇正高高兴兴、得意洋洋（déyì yángyáng）地往前走呢，牛魔王从后面追了上来，看见孙悟空扛着一丈二尺长的大扇子，心想："这猴子真有本事，他已经学会了扇子变大的办法。如果我现在去跟他要扇子，他一定不会给我，要是他再用芭蕉扇扇我一下儿，还不把我扇出十万八千里远。怎么办呢？不如我也去骗他一下儿。猴头儿正在得意之时，我想他不会认真提防（dīfang）的。"

牛魔王以前认识猪八戒，就摇身一变，变成了猪八戒的样子，从另外一条路来到孙悟空的前面，大声叫着："师兄，你回来了！"

孙悟空心里正得意呢，看见猪八戒来了，就问："兄弟，你要到哪儿去？"

牛魔王说："师父等你等得着急，怕牛魔王的本领比你大，你斗不过他，所以让我来帮助你。"

孙悟空笑着说："不用担心，宝贝已经在我手里了。"说完，把扇子一举。

牛魔王又问："你是怎么得到这宝贝的？"

悟空说："那老牛跟我打斗了一百来个回合，不分胜负（bùfēn shèngfù）。他就撇开（piēkāi）我，到那潭底和龙精们喝酒去了。我暗暗地跟着他，先变成一只螃蟹沉到潭底，偷了他挂在大门口儿的衣服，然后再变成老牛的模样，到芭蕉洞找铁扇公主，才把这扇子骗出来的。"

牛魔王又说："猴哥，你累了吧，我帮你拿着扇子吧！"

"好吧！"孙悟空想也没想，就把扇子给了牛魔王。

牛魔王拿过芭蕉扇，念了几句咒语，扇子一下子变得像杏树叶子一样小。他把小扇子放进嘴里，然后现了原形。牛魔王张嘴就骂："你这个猴头儿，你认识我吗？"

孙悟空一看是牛魔王，心中十分后悔（hòuhuǐ），不停地说着："我错了，是我太大意（dàyi）了。"

芭蕉扇到了牛魔王的手里，孙悟空气得暴跳如雷（bàotiào rú léi），举起金箍棒朝着牛魔王打过去。牛魔王拿出扇子，对着孙悟空就扇，哪知道孙悟空把定风丹咽（yàn）到肚子里去了，现在不管牛魔王怎么用力扇，也扇不动孙悟空了。牛魔王慌了，他把扇子放进嘴里，用剑向孙悟空砍过来。孙悟空和牛魔王就在半空中打斗起来。

唐僧、猪八戒和沙僧坐在路边等孙悟空，可是等了大半天，也不见孙悟空回来。唐僧坐在地上，一来火气蒸人，二来心急口渴，就对火焰山的土地神说："那牛魔王的法力如何（rúhé）？"

土地神回答："那牛魔王神通不小，法力无边，跟孙悟空正是对手。"

唐僧又说："悟空走路走得很快，往常几千里路，一会儿就回来了，怎么这次去了一天？也许他在跟牛魔王打斗？"过了一会儿，又叫："八戒、沙僧！你们两个，哪一个去迎一迎你们的师兄？要是悟空碰上了难事，就应当用力帮助，快快把芭蕉扇借来，扇灭大火赶快过山。"

八戒说："师父，今天太晚了，我想去迎他，可又不认识路。"

土地神对八戒说："小神认识，那让沙僧跟你师父做伴儿，我跟你一起去吧！"

唐僧高兴地说："谢谢，谢谢！"

猪八戒扛着大钉耙和土地神一起跳上云头找孙悟空去了。没走多远，他就看见孙悟空和牛魔王正在那儿打斗。猪八戒大喊了一声："猴哥，老猪来了！"

孙悟空看见猪八戒来了，说："兄弟快来帮我打这老牛！刚才，牛魔王变成你的样子，从我手里骗走了芭蕉扇！"

"什么，牛魔王敢变成我的样子骗猴哥？"

猪八戒气得用钉耙朝牛魔王打过去。牛魔王跟孙悟空打了很长时间，已经很累了，这时候又来了猪八戒，牛魔王看自己不行了，

回头就跑。

这时候土地神挡住牛魔王说："唐僧去西天取经，有老天的保佑（bǎoyòu），有神仙的帮助。你快把芭蕉扇拿出来，扇灭火焰山上的大火，让他们平平安安地早日过山。不然，上天责怪（zéguài）你，你就是死罪。"牛魔王不听土地神的劝告（quàngào），他一口气跑回了摩云洞，把门紧紧关上了。

词　语

得意洋洋	déyì yángyáng	complacent; proud and self-satisfied; to be transported with joy
提防	dīfang	to take defensive measures, to remain alert, to be watchful
胜负	shèngfù	victory or defeat
不分胜负	bùfēn shèngfù	to be a draw; to come out even; to end in a tie
撇开	piēkāi	to bypass
后悔	hòuhuǐ	to regret
大意	dàyi	careless
暴跳如雷	bàotiào rú léi	(literally: violent and fierce like thunder) to fly into a rage; to stamp in fury
咽	yàn	to swallow
如何	rúhé	how, what, what do you think of, what about, what's it like
保佑	bǎoyòu	protection and blessing
责怪	zéguài	to blame to call to account
劝告	quàngào	advice, exhortation, urging

练 习

(一) 选择与划线的词语意思相近的解释

1. 猴头儿正在得意<u>之时</u>，我想他不会认真提防的。

A. 的时候　　B. 之后

C. 之前　　D. 有时候

2. 牛魔王说："师父等你等得着急，看你<u>老</u>不回来，很担心你。

A. 很久　　B. 经常

C. 很　　D. 总是

3. 孙悟空一看是牛魔王，心中十分后悔，不停地说着："我错了，是我太<u>大意</u>了。"

A. 大气　　B. 大概的意思

C. 粗心大意　　D. 不注意

(二) 请根据课文内容选择恰当的答案

1. 孙悟空为什么会上牛魔王的当？

A. 因为孙悟空和牛魔王是弟兄。

B. 因为牛魔王是孙悟空的哥哥。

C. 因为孙悟空太累了。

D. 因为孙悟空高兴得忘了提防。

2. 牛魔王扇不动孙悟空的原因是：

A. 孙悟空的肚子里有定风丹。

B. 孙悟空进过铁扇公主的肚子。

C. 牛魔王不会用芭蕉扇。

D. 定风丹在孙悟空的嘴里含着呢。

3. 最后一段，土地神劝告牛魔王拿出芭蕉扇，牛魔王怎么样？

A. 牛魔王根本不听土地神劝告。

B. 牛魔王听了土地神劝告。

C. 牛魔王回洞里考虑一下。

D. 牛魔王丢下芭蕉扇跑了。

（三）说一说

1. 牛魔王是怎么从孙悟空手里把芭蕉扇拿走的？

2. 说一说孙悟空得到芭蕉扇和失去芭蕉扇时的心情。

四十七、唐僧师徒过了火焰山

牛魔王跑回了摩云洞，孙悟空和猪八戒拿不到芭蕉扇，心里十分焦急（jiāojí）。土地神看他们焦急的样子说：“悟空你别恼火（nǎohuǒ），八戒也别泄气（xièqì）。你们的师父正在路上坐着，眼巴巴（yǎnbābā）地指望着你们成功呢。”悟空说：“对，对！土地神说得有道理。”

孙悟空、猪八戒、土地神来到摩云洞门口，把摩云洞的大门打得粉碎（fěnsuì）。

摩云洞里，牛魔王正在和玉面公主说话，听见孙悟空他们打破了大门，气得从洞里出来，大骂着：“你这猴头儿，为什么打破我的大门？”说着，就拿着大铁棍向孙悟空打过来，八戒连忙用钉耙挡住。

孙悟空也大骂着：“你这个不知好歹（bù zhī hǎo dǎi）的东西！我们昨天还称为兄弟，今天就是仇人了！”牛魔王、猪八戒、孙悟空三人打了起来。他们打了一阵，牛魔王看打不过孙悟空和猪八戒，就想跑，孙悟空和猪八戒在后面追。

牛魔王摇身一变，变成了一只天鹅（tiān'é）。猪八戒追着追着，突然找不到牛魔王了。八戒对悟空说：“猴哥，老牛没有了！”

孙悟空用手一指：“那飞的不是吗？”

八戒说：“那是一只天鹅呀。”

孙悟空说：“那就是老牛变的。”

八戒说：“那咱们怎么办呢？”

孙悟空说：“就让我来跟他比变化吧！”

孙悟空收了金箍棒，念了一句咒语，把自己变成一只专门吃天鹅的海东青（hǎidōngqīng）。孙悟空变的海东青蹿（cuān）到天上，抱住天鹅的脖子，就要啄（zhuó）天鹅的眼睛。牛魔王知道这是孙悟空的变化，急忙抖抖（dǒu）翅膀（chìbǎng），又变成一只黄鹰（huángyīng），反过来啄海东青；孙悟空又变成一只乌凤（wūfèng），黄鹰怕乌凤；牛魔王立刻变成一只白鹤（báihè），大叫了一声，向南飞去；孙悟空也抖抖羽毛（yǔmáo），又变成一只丹凤（dānfèng），高叫了一声。丹凤是鸟中之王，白鹤吓得不敢乱动。牛魔王从空中飞到地上，变成一只小鹿在地上吃草。孙悟空追过去，变成了一只大老虎，要吃小鹿。牛魔王害怕，往地上一滚，变成一头大狗熊（gǒuxióng）。孙悟空也往地上一滚，变成一只大象，用长长的鼻子来卷（juǎn）大狗熊。

牛魔王嘻嘻地笑了一笑，现了原形。他本来是一头大白牛，头像一座山，身体有一千多丈长，个子有八百多丈高，眼睛闪闪发光（shǎnshǎn fāguāng），牙齿像尖刀（jiāndāo），两只牛角就像两座铁塔（tiětǎ）。他对着孙悟空叫起来："猴头儿，你还敢来吗？"

孙悟空也现了原形，他大喊着："长！长！长！"立刻长得有一万多丈高，头像泰山（Tàishān），眼像日月，嘴像血池，牙像门扇。孙悟空抽出金箍棒朝着牛魔王的头就打。

这时，天上的天兵天将听到消息，也都来帮助孙悟空。牛魔王一看，吓得就跑，一口气跑到芭蕉洞里不出来了。

孙悟空和天兵天将追到芭蕉洞门口。猪八戒也扛着钉耙来了，他说："猴哥，现在怎么办呢？"

"用你的大钉耙把芭蕉洞的门打开。"孙悟空回答。

"好！好！"说着，猪八戒举起钉耙，使劲一打，芭蕉洞的门被打了一个大洞，然后又打了几下，洞门就被打破了。

牛魔王听见芭蕉洞的门被打破了，气得从嘴里吐出芭蕉扇，交给铁扇公主："夫人，你把它收好！"

铁扇公主接过扇子，流着眼泪说："大王，要不，我们把这扇子借给他们用用吧。要是不借，他们打进来，可就不好办了！"

"别怕！扇子不能给他们。你先在这儿等着，我跟他们拼（pīn）了！"

牛魔王拿着大铁棍，冲出洞门，用大铁棍朝猪八戒打过去。猪八戒有点害怕，往后退了几步。孙悟空急忙用金箍棒挡住了牛魔王。牛魔王一看是孙悟空，想跑，可是释迦牟尼佛祖（fózǔ）派来的各路神仙和天兵天将已经把他围住（wéizhù）了。牛魔王一看不好，只好喊"饶命"，让铁扇公主把芭蕉扇交给了孙悟空。

孙悟空拿过芭蕉扇说："你们跟我去火焰山，把山上的大火扇灭了，就还给你们扇子。"

唐僧师徒和各路神仙、天兵天将带着牛魔王和铁扇公主来到火焰山下。孙悟空用芭蕉扇对着山上的大火用力一扇，大火就越来越小了；他又一扇，天空刮起了一阵大风；孙悟空扇第三下时，就看见满天乌云，一会儿就"哗哗"地下起大雨来了。

孙悟空心想："要是能把这火焰山的大火彻底（chèdǐ）扇灭，这儿的老百姓就不用受苦（shòukǔ）了。"想到这儿，他问："铁扇公主，我问你，怎么才能把火焰山的火全部扇灭，断绝（duànjué）火根呢？"

铁扇公主不敢说假话："大圣啊，只要你一口气扇七七四十九下，就能把火焰山的大火彻底扇灭，除掉火根。"

孙悟空听了，马上用力"呼呼呼"地扇了起来，一口气扇了四十九下。这时候，山上的雨越下越大了。

火焰山的大火全部熄灭了，天气很凉爽（liángshuǎng）。孙悟空把芭蕉扇还给了铁扇公主，也放了牛魔王。牛魔王和铁扇公主谢过大家，回芭蕉洞去了。各路神仙和天兵天将也和唐僧师徒告别。孙悟空和猪八戒、沙和尚，保护着唐僧过了火焰山，继续向西前进。

词 语

焦急	jiāojí	worried, anxious
恼火	nǎohuǒ	to burn with anger; to be annoyed; to be irritated
泄气	xièqì	to be discouraged

眼巴巴	yǎnbābā	eagerly or anxiously awaiting; helplessly
粉碎	fěnsuì	smashed to pieces; broken to pieces
不知好歹	bù zhī hǎo dǎi	to not know what's best for one; to not know anything; to not appreciate other people's good intention(s)
天鹅	tiān'é	swan
海东青	hǎidōngqīng	hawk
蹿	cuān	to leap up, to jump up
啄	zhuó	to bite, to peck, to seize with the beak
抖	dǒu	to shake, to flutter
翅膀	chìbǎng	wing(s)
黄鹰	huángyīng	goshawk
乌凤	wūfèng	black male phoenix
白鹤	báihè	white crane
羽毛	yǔmáo	feathers, plumes
丹凤	dānfèng	phoenix,
狗熊	gǒuxióng	black bear
卷	juǎn	to roll up, to sweep off, to carry along
闪闪发光	shǎnshǎn fāguāng	sparkling, twinkling
尖刀	jiāndāo	sharp knife (knives) or dagger(s)
铁塔	tiětǎ	iron pagodas, iron towers
泰山	Tàishān	Mount Tai in Shandong, one of the Five Sacred Mountains in China
拼	pīn	to risk one's life; to fight to the end
佛祖	fózǔ	Buddha; Buddhist patriarch
围住	wéizhù	to surround
彻底	chèdǐ	thoroughly
受苦	shòukǔ	to suffer hardship
断绝	duànjué	to break off, to sever
凉爽	liángshuǎng	pleasantly cool

（一）选择与划线的词语意思相近的解释

1. 土地神看他们焦急的样子说："……你们的师父正在路上坐着，眼巴巴地指望着你们成功呢。"

   A. 远望　　B. 看着
   C. 盼望　　D. 指着

2. 猪八戒举起钉耙，使劲一打，芭蕉洞的门被打了一个大洞。

   A. 强劲　　B. 用力
   C. 费劲儿　　D. 有劲

3. 铁扇公主接过扇子，流着眼泪说："大王，要不，我们把这扇子借给他们用用吧！"

   A. 要不然　　B. 或者
   C. 要是　　D. 还是

（二）请根据课文内容选择恰当的答案

1. 下面哪一项是孙悟空变的？

   A. 天鹅、黄鹰、丹凤　　B. 海东青、丹凤、白鹤
   C. 大象、老虎、狗熊　　D. 乌凤、丹凤、大象

2. 孙悟空为什么想把火彻底扇灭？

   A. 为让唐僧过山西行。
   B. 帮助牛魔王扇灭大火。
   C. 因为这是五百年前他自己来这儿放的火。
   D. 为使周围的老百姓不再受火焰山大火之苦。

3. 扇多少下儿，才能把火焰山的火彻底扇灭，断绝火根呢？

   A. 一连扇四下儿　　B. 一连扇四十九下儿
   C. 一口气扇七十下儿　　D. 一口气扇七十七下儿

（三）说一说

1. 牛魔王和铁扇公主为什么不愿意把芭蕉扇借给孙悟空？

2. 说一说孙悟空是怎么跟牛魔王比变化的。

四十八、孙悟空到了比丘国

唐僧师徒向西走了好几个月，从秋天走到了冬天。走着走着，他们看到前面有一座城，城门口有一个老军人（jūnrén）正靠着墙打盹儿呢。孙悟空走过去，摇了他一下儿说："长官（zhǎngguān）。"那个老军人迷迷糊糊（mímihūhū）地睁开眼睛，看到孙悟空吓了一跳，连忙下跪磕头。

孙悟空告诉老军人："你不用怕。我们是从东土去西天取经的和尚，走到这里，不知道这是什么地方，所以来问问你。"

老军人说："这个地方以前叫比丘国（Bǐqiūguó），现在改成小子城了。"

唐僧听了觉得奇怪："为什么要改成小子城呢？"

猪八戒在旁边说："也许是老国王死了，新国王还是个小孩儿，才改成小子城的吧！"

唐僧说："悟空，咱们先进城去看看吧！"

师徒四人进了城，在街上走了走，他们觉得这个地方的每条街道都很繁华（fánhuá）。但是，有一件事情让师徒四人感到非常奇怪，他们看见每家的门口都挂着一个大木笼子，木笼子上盖着五颜六色的布。

唐僧说："徒弟啊，这个地方的人都把木笼子挂在家门口，这是什么原因啊？"

八戒笑着说："师父，今天一定是一个好日子，是个串亲戚（chuàn qīnqi）看朋友的好日子，所以家家都要送礼物吧！"

悟空说："你乱说，怎么会家家都要送礼物呢？这里面一定有原因。你们等着，我去看看。"

唐僧拉住悟空说："你不要去，你的脸会让人家害怕。"

悟空说："那我变一个模样再去。"悟空念了一句咒语，把自己变成了一只蜜蜂儿，飞到一个笼子上。悟空钻进笼子里边一看，那里坐着一个小男孩儿，正在吃东西；悟空又飞到第二家的笼子里一看，里面也坐着一个小男孩儿；又看了八九家，笼子里边装的都是小男孩儿，没有一个女孩儿。那些孩子，大的六七岁，小的四五岁。有的坐在里边吃着，有的坐在里边睡着，有的坐在里边玩着，有的坐在里边哭叫着。悟空也很奇怪，他飞到唐僧身边，现了原形，把刚才看到的情况说了一遍。

唐僧说："天快黑了，我们先找个地方住下，再打听打听这是怎么回事。"

唐僧师徒找到一家客店住下，吃过晚饭以后，唐僧就问店里的人："我们进城时，看见各家门口都挂着木笼子，笼子里都装着小男孩儿，这是怎么回事呢？"

客店里的人小声说："长老，您别问这件事儿，别管这件事儿，也别理这件事儿。明天办完你们自己的事儿，就马上离开这儿吧！"

唐僧更奇怪了，说："为什么不能问这件事儿？"

那个人看看旁边没有别人，才又小声地说："长老呀，三年以前，有一个老道，带着一个漂亮的女子来到我们这儿。老道把这个女子献给了国王。国王非常喜欢，收那女子作了皇后（huánghòu），把老道封为国丈（guózhàng）。从此，国王不分昼夜（bùfēn zhòuyè）地贪图美色（tāntú měisè），生了病。请来过很多医生，可是谁也治不好国王的病。那个国丈给国王配（pèi）了一副（fù）药（yào），说是吃了他的药，不但能治病，还能长生不老。但是，一定要用一千一百一十一个小男孩儿的心肝（gān）来做药引子（yàoyǐnzi）才行。长老，你们看到的孩子就是做药引子用的。"说完，那个人就走了。

唐僧听完那个人的话，想着那一千多个小孩儿眼看就要被国王害死了，心里难过极了。

八戒说："师父，你是怎么了？这是别人家里的事情，你别难过了，赶快脱衣服睡觉吧！"

唐僧含着眼泪说："我从来也没听说过吃人心肝，能长生不老的。"

沙僧说："师父先别伤心（shāngxīn），等明天我们去见国王换关文的时候，当面问问国王，再看看那个国丈，也许那个国丈是妖怪，想吃人的心肝，才用了这个办法。"

孙悟空说："沙僧说的有道理。师父，您别难过，先去睡觉吧！明天我们跟您一块儿去见国王换关文，看看那个老道是人还是妖怪。至于这些小孩儿，今晚我就想办法把他们藏（cáng）起来。"

唐僧听了高兴起来，对悟空说："我的好徒弟啊，为这件事，师父谢谢你，你快点儿去吧！"

悟空马上站起来，对八戒、沙僧说："你们在这儿保护师父，我去救小孩儿。"

悟空走到门外，往上一跳，跳到空中，使了个法术，刮起了狂风，狂风刮得看不见天上的星星和月亮，到三更的时候，狂风把那些小孩儿和笼子都搬到（bān dào）了城外的树林子（shùlínzi）里藏起来了。然后，悟空又对那儿的土地神说："你要好好保护这些孩子，给他们一些水果和饭，别让他们饿着。等我除掉了妖怪，再把孩子送还给他们的父母。悟空安排好以后，回到了客店，发现师父和师弟都没有睡，一直在等他呢。

悟空对唐僧说："师父，小孩儿都救走了。"唐僧这才放心地睡觉去了。

词 语

军人	jūnrén	soldier
长官	zhǎngguān	commanding officer
迷迷糊糊	mímihūhū	half-awake and half-asleep; in a doze
比丘国	Bǐqiūguó	place name Biqiuland; Monksland （比丘＝Buddhist monk）
繁华	fánhuá	lively

串亲戚	chuàn qīnqi	to visit relatives
皇后	huánghòu	empress
国丈	guózhàng	emperor's father-in-law
昼夜	zhòuyè	day and night
不分昼夜	bùfēn zhòuyè	"make no distinction between day and night"; day and night, around the clock
贪图美色	tāntú měisè	seek or covet beauty or beautiful women
配药	pèi yào	to make up a prescription, to mix a medicine
副	fù	measure word for a set of sth.
肝	gān	the liver
药引子	yàoyǐnzi	added ingredient to Chinese medicine to increase efficacy
伤心	shāngxīn	to be sad, to grieve, to be brokenhearted
藏$_1$	cáng	to hide
搬到	bān dào	to move to, to remove to, to take away to
树林子	shùlínzi	woods

（一）选择与划线的词语意思相近的解释

1. 木笼子上盖着五颜六色的布。

A. 各种颜色

B. 五种颜色或者六种颜色

C. 五种颜色还是六种颜色

D. 五种颜色和六种颜色

2. 我们先找个地方住下，再<u>打听打听</u>这是怎么回事 。

A. 听说　　B. 边走边听

C. 问问　　D. 偷偷去听

3. 到<u>三更的时候</u>，狂风把那些小孩儿和笼子都搬到了城外的树林子里藏起来了。

A. 在白天　　B. 在深夜

C. 在傍晚　　D. 正午

（二）请根据课文内容选择恰当的答案

1. 唐僧师徒看见城门口儿的那个老军人时，老军人正在做什么？

A. 正坐在城门口

B. 靠着墙睡觉

C. 正在迷迷糊糊地睁开眼睛

D. 正在下跪磕头

2. 关于木笼子里的小孩儿，文中没有介绍的是：

A. 孩子们的年龄　　B. 孩子们的姓名

C. 孩子们的性别　　D. 孩子们在做什么

3. 为什么家家门口的笼子里装着小男孩儿？

A. 因为今天是比丘国的一个好日子。

B. 因为比丘国的国王病了。

C. 因为比丘国想改名为小子城。

D. 老道为国王准备的药引子。

（三）说一说

1. 家家户户的门口为什么挂着一个大木笼子？

2. 说一说比丘国三年前来的那个老道。

四十九、孙悟空看出老道是妖怪

第二天早上，唐僧对悟空说："我现在就去拜见国王换关文。"

悟空说："您一个人去恐怕不行。还是我和您一起去吧，我正好看看那个国丈是人还是妖怪。"

唐僧说："可是你不肯（kěn）行礼，恐怕国王见怪（jiànguài）。"

悟空说："这样吧，我把自己变成一只小虫子，趴在您的帽子上。一来可以保护您，二来可以看看那个国丈是人还是妖怪。"

于是唐僧叫八戒、沙僧看着行李和马，自己和悟空换关文去了。

唐僧到了宫门外，请看门官儿进去报告国王。国王听说是从大唐去西天取经的和尚来换关文，心里挺高兴，就让唐僧进了宫殿。唐僧拜见国王后，把关文递了过去。唐僧看到国王的脸又黄又瘦，一点儿精神都没有，好像没睡醒的样子，连说话的力气都快没有了似的，看来国王病得不轻。国王慢慢腾腾地看完关文，盖上了比丘国的国印，还给了唐僧。

国王刚想问问唐僧取经的事情，这时候那位国丈来了，国王马上站起来迎接。

唐僧向国丈行了个礼，就向国王告辞了。唐僧刚一走出宫殿，悟空就从帽子上飞下来，在唐僧耳边说："师父，我看这国丈不是人，是妖怪！您先回客店休息去吧，我留在这儿再仔细看看！"唐僧点了点头，一个人先回客店去了。

孙悟空又飞回了宫殿，他听见一个官员正在对国王说："国王！昨天夜里出了一件怪事，刮了一阵狂风，把各家的小孩儿和木笼子都刮没了。我们找了很多地方，都没有找到。"

国王一听，又着急又生气，问国丈："一千一百一十一个男孩儿都被风刮走了，这不是老天要我的命吗？怎么办呢？"

国丈哈哈大笑着说："国王，你别担心，现在老天给你送来了一个更好的。"

国王问："什么更好的？"

国丈说："刚才，我见到一个绝妙（juémiào）的药引子，这个药引子比那一千一百一十一个小男孩儿的心肝更好。用了这个药引子，再吃了我的仙药，不但能治好你的病，而且还能让你长生不老。

国丈继续说："就是刚刚出去的那个唐朝和尚，用他的心做药引子比那一千一百一十一个小男孩儿的心肝好一万倍。"国王听了，真的相信了国丈的话，就准备派人去客店抓唐僧。

悟空听了这个消息，马上飞回客店，现了原形，对唐僧说："师父，糟糕了！"

八戒连忙问："猴哥，什么糟糕了？"

悟空把国丈和国王说的话学了一遍。唐僧听了，吓得半天说不出话来。过了一会儿，唐僧问孙悟空："悟空啊，现在怎么办才好呢？"

悟空说："我有办法。"悟空把师父变成了自己的模样，又把自己变成了师父的模样互相换了衣服，八戒和沙僧在旁边也分不清哪个是师父，哪个是师兄了。

刚变好，国王的士兵就到了客店。一个士兵进来问："东土的唐长老在吗？"

孙悟空变成的唐僧迎出来说："我就是唐朝的和尚。"

"唐长老，我们国王有请（yǒuqǐng）。"说完，上来几个兵，把"唐僧"抓走了。

"唐僧"见了国王，大声叫着："比丘王，请我来有什么事儿？"

国王说："我身体有病，国丈给我配了一副药，现在还缺（quē）药引子。"

"唐僧"说："我是出家人，没带什么东西。你把我一个人弄到这里来，我不知道有什么能献给你的。"

国王说："不要别的，我只要长老的心用用。"

“唐僧”笑着说：“我有好几个心，不知道你要什么颜色的？”

那个国丈在旁边说：“和尚，我们要你的黑心（hēixīn）！”

“唐僧”说：“行啊！拿刀来，如果有黑心，我就献给国王。”

国丈递给孙悟空一把快刀（kuàidāo）。悟空“呼哧（hūchī）”一声把肚子切开（qiēkāi），肚子里一下子滚出一堆心来。在场的人都吓得心发慌（fāhuāng）、脸变色儿（biàn shǎir）。

国王看了说：“这是一个多心的和尚啊！”

“唐僧”把那些鲜血淋淋（xiānxuè línlín）的心，一个一个地捧给大家看，有红的、白的、黄的、绿的，还有名利（mínglì）心，争强（zhēngqiáng）心，好胜（hàoshèng）心……可就是没有黑色的心。

国王看了，吓得战战兢兢地说：“快收了吧，收了吧！”

“唐僧”用手一摸肚子，收了法术，现了本相，大声对国王说：“告诉你，我们出家的和尚有的都是好心，才没有黑心，只有你身边的国丈长着黑心。国丈的黑心才能治你的病，你不信的话，我拿出他的黑心让你看看！”

国王和国丈都吓傻了。国王和国丈想：“唐僧怎么忽然变模样了呢？”再仔细一看，国丈认出了刚才的唐僧其实是五百年前大闹天宫的孙悟空。国丈吓得跳到空中想逃走，孙悟空一个跟头追上去，叫着：“妖怪，往哪里跑，吃我一棒！”孙悟空和国丈在半空中打了起来。那国丈哪儿打得过孙悟空啊，打了一会儿就不行了。国丈变成一道寒光（hánguāng），到皇宫内院，带着那个献给国王的妖怪皇后，一起逃跑了。

词 语

肯	kěn	to be willing to
见怪	jiànguài	to take offence
绝妙	juémiào	perfect; excellent; fantastic
有请	yǒuqǐng	a formal way of saying "wants you", or "is calling for you"
缺	quē	to be missing, to lack
黑心	hēixīn	This has a double meaning. Besides meaning a black-colored heart, 黑心 also means black heart, sinister heart; a vicious and sinister heart, mind. 心 often denotes mind, psychology, feelings of. It is used with two meanings further on in this chapter.
快刀	kuàidāo	sharp knife
呼哧	hūchī	a puffing or blowing sound; panting or gasping sound
切开	qiēkāi	to cut open; to make an incision, to cut apart
发慌	fāhuāng	to become nervous
变色儿	biàn shǎir	to change color or countenance
鲜血淋淋	xiānxuè línlín	dripping with blood
名利	mínglì	fame and fortune
争强	zhēngqiáng	striving for supremacy
好胜	hàoshèng	trying to outdo others
寒光	hánguāng	pallid, cold light

（一）选择与划线的词语意思相近的解释

1. 还是我和您一起去吧，我正好看看那个国丈是人还是妖怪。

A. 不大不小　　B. 不多不少

C. 恰巧遇到机会　　D. 不长不短

2. 这样，一来可以保护您，二来可以看看那个国丈的样子。

A. 一次　　B. 来一次

C. 一方面　　D. 一回

3. 唐僧向国丈行了个礼，就向国王告辞了。

A. 告诉　　B. 告别

C. 告密　　D. 辞谢

（二）请根据课文内容选择恰当的答案

1. 孙悟空是怎么陪着师父一起去换关文的？

A. 孙悟空变成师父的样子去的。

B. 孙悟空变成小虫子趴在师父的帽子上。

C. 孙悟空变成小虫子趴在师父的手臂上。

D. 孙悟空变成师父的帽子。

2. 孙悟空为什么对师父说“糟糕了”？

A. 国丈是个妖怪。

B. 国丈要用唐僧的心当药引子。

C. 国丈要用唐僧的肝当药引子。

D. 国丈看出了孙悟空变的小虫子。

3. 下面哪一项是孙悟空没有做的？

A. 变成师父的模样。　　B. 剖腹掏心。

C. 对国王说国丈黑心。　　D. 对国王说国丈是妖怪。

（三）说一说

1. 一千一百一十一个小男孩儿不见了，国丈又出了什么主意?
2. 孙悟空想了什么办法救师父?

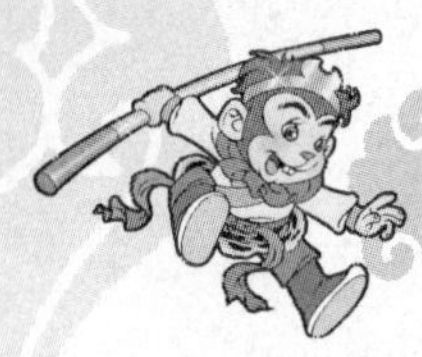

五十、比丘王请孙悟空抓妖怪

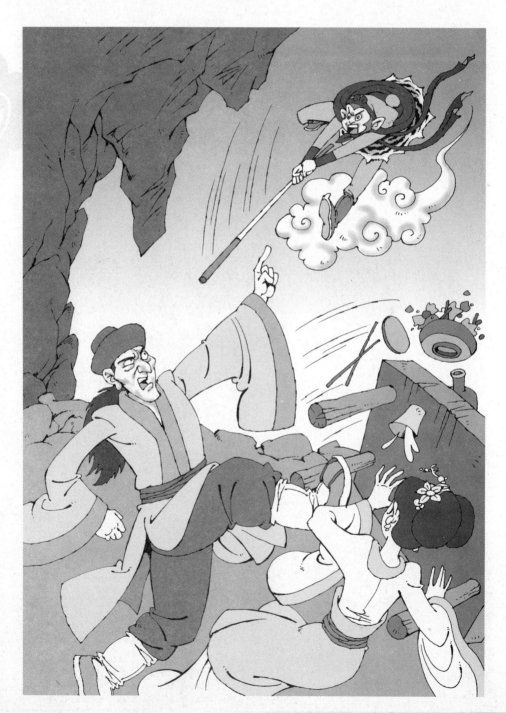

孙悟空回到宫殿，对宫中的人说："那个国丈不是人，是一个妖怪，你们看清楚了吧！"

这时候有人来报告国王说："皇后也不见了！"

国王听了，才相信国丈和那个女人都是妖怪。国王和文武百官一齐跪下，请孙悟空用法术帮他们捉住妖怪。过了一会儿，国王又问："神僧，你刚来的时候，不是现在的样子呀？"

悟空笑着说："我们一共四个人。刚才那个漂亮的模样是我师父的样子，我是他的徒弟孙悟空。听说你要用我师父的心当药引子，我才变成我师父的样子来这儿的。"国王听了，马上派人去迎接唐僧。

一会儿的工夫，就把唐僧、八戒和沙僧接到了国王的宫殿。悟空走过去，朝唐僧吹了一口仙气，叫了一声："变！"唐僧立刻恢复（huīfù）了本来的模样。

国王把唐僧师徒迎上殿来，请他们坐下。孙悟空问："国王，你知道那老道是从哪里来的吗？"

国王羞愧地说："三年前他来的时候，我问过他。他说离这儿不远，就住在城南七十里的柳林坡（Liǔlínpō）清华庄（Qīnghuázhuāng）上，那时候他领来一个十六岁的女子，说是他的女儿，献给了我。我爱那女子的美貌，就让她当了皇后。不久我生了病，太医（tàiyī）用了很多药也没治好我的病。国丈说用他的仙药，再用小男孩儿的心肝作药引子就能治好我的病。我糊里糊涂（húlihutū）地相信了他的话，还选定今天中午十二点开刀取心。多亏神僧识破（shípò）了妖怪，现在希望神僧帮助我们除掉妖怪，我愿意拿出很多很多的钱财来酬谢（chóuxiè）你们。"

悟空笑着说："不瞒你说，笼中的小男孩儿是我师父慈悲（cíbēi），让我藏起来的。你不用拿钱财酬谢我们，我得赶快去除掉那妖怪。"

悟空叫沙僧留下来照看师父，让八戒跟着自己去捉那妖怪。八戒说："猴哥，我肚子饿了，没有劲儿，怎么去捉妖怪啊？"国王马上叫人准备饭菜。

吃饱了饭，悟空和八戒来到城南七十里的地方。这里有一条河，两岸是一片柳树林，根本没有什么清华庄。悟空很奇怪，只好念了几句咒语，把土地神请了出来。

孙悟空问："土地神，清华庄在什么地方？"

土地神回答说："大圣啊，这儿没有什么清华庄，只有一个清华洞。你要找的那个妖怪就住在那儿。"

土地神用手一指："大圣，你到河的南边找到那棵有九根枝杈（zhīchà）的大柳树，先围着树向左走三圈儿（quānr），再向右走三圈儿，然后用两只手抓住树，大声喊三下'开门'，树干上的洞门就能开开了。"

悟空说："好，你回去吧！"

土地神走了，孙悟空和猪八戒按土地神的话找到了那棵柳树。悟空绕着柳树向左走了三圈儿，又向右走了三圈儿，然后用手抓住树拍拍树干，叫着："开门！开门！开门！"只听"哗啦"一声，柳树的树干（shùgàn）上开了两扇大门。悟空往门里看了看，没有看见一个人。

悟空说："八戒，你在门口等着，我进里面去看看！"

八戒说："好，猴哥，你去吧！"

孙悟空往洞里走去，走着走着，看见里边有一片挺漂亮的地方，有山有水，路边开着各种奇怪的花。悟空又向前走了一二里地，看见前面有一座石头的房子，上面刻着"清华仙府（xiānfǔ）"四个大字。悟空闯进（chuǎngjìn）去，看见那个老道正和那个女人一边喝酒，一边说比丘国的事情。老道说："咱们在比丘国等了三年，今天机会终于（zhōngyú）来了，可是被那猴头破坏（pòhuài）了……"

悟空大喊着："什么机会！妖怪，你们吃我的金箍棒吧！"

老道吓了一跳，一脚把饭桌踢倒，跳起来还击（huánjī）。那个女人吓得躲到旁边去了。悟空和老道在洞里打了起来。悟空一边打一边从洞里往外退，他想把妖怪从洞里引出来。

八戒在外面，听见洞里的声音，心里着急，拿起钉耙，把那棵有九根枝杈的大柳树刨（páo）倒了，又用钉耙砍了几下。砍得那棵柳树流出血来，还发出“嘤嘤（yīngyīng）”的声音，很像哭声。八戒用钉耙按着树说：“这棵树也变成精了！这棵树也变成精了！”八戒想再砍它几下，这时听到从洞里传出叫喊的声音，八戒知道悟空快要把妖怪引出来了，马上举起钉耙准备接应（jiē yìng）。悟空刚刚退到洞外，老道也跟了出来，八戒从边上向老道打过来。老道一看不好，又变成一道寒光，向东逃走了。悟空和八戒也向东追去。

词　语

恢复	huīfù	to recover or regain or resume
柳林坡	Liǔlínpō	Willow Grove Slope, place name
清华庄	Qīnghuázhuāng	Beautiful Village, place name
太医	tàiyī	imperial physician
糊里糊涂	húlihutū	confused; bewildered
识破	shípò	to see through (a trick, etc.)
酬谢	chóuxiè	to give a present in thanks; to reward a service
慈悲	cíbēi	mercy; benevolence; pity; (Buddhist) love and compassion
枝杈	zhīchà	branch(es)
圈儿	quānr	circle(s)
树干	shùgàn	tree trunk

仙府	xiānfǔ	the dwelling place of celestial beings
闯进	chuǎngjìn	to rush in, to burst in
终于	zhōngyú	finally, at last
破坏	pòhuài	to destroy or wreck
还击	huánjī	to counterattack
刨	páo	to dig, to excavate
嘤嘤	yīngyīng	the sound of sobbing
接应	jiēyìng	to come to somebody's aid

练　习

（一）选择与划线的词语意思相近的解释

1. 国王和文武百官一齐跪下，请孙悟空用法术帮他们捉住妖怪。

A. 一共　　B. 一部分

C. 同时　　D. 整齐

2. 不瞒你说，笼中的小男孩儿是我师父慈悲（cíbēi），让我藏起来的。

A. 你说话不用瞒着　　B. 不埋怨你

C. 实话告诉你　　D. 一定要让你知道

3. 多亏神僧识破了妖怪，现在希望神僧帮助我们除掉妖怪，我愿意拿出很多很多的钱财来酬谢你们。

A. 认识　　B. 看出来

C. 破除　　D. 记住

（二）请根据课文内容选择恰当的答案

1. 关于怎么找到清华洞，土地神没有介绍的是：

A. 先要找到一片柳树林。

B. 先到河的南边。

C. 找到那棵有九根枝杈的大柳树。

D. 清华洞的洞门就在九根枝杈的大柳树的树干上。

2. 关于打开清华洞门的方法，文中没有介绍的是：

A. 绕着柳树向左走三圈儿。

B. 绕着柳树向右走三圈儿。

C. 用脚踢一踢树。

D. 要喊三声“开门”。

3. 孙悟空闯进清华仙府去的时候，老道和那女人正在做什么？

A. 老道正在等孙悟空来。

B. 他们正准备逃走。

C. 老道和女人正在商量怎么捉住唐僧。

D. 他们正一边喝酒，一边说比丘国的事情。

（三）说一说

1. 孙悟空是怎么找到那个妖怪的？

2. 孙悟空进清华洞以后，八戒做什么了？

五十一、孙悟空遇寿星

老道化成一道寒光向东逃，悟空和八戒向东追去。忽然，前面来了一位老人，那老人先罩住（zhàozhù）了那道寒光，又挡住了孙悟空和猪八戒说："大圣、八戒，你们慢走！不用追了！"

孙悟空一看，原来是南极（Nánjí）老寿星（lǎo shòuxing）。就问："寿星兄弟，你从哪儿来？"八戒笑着说："肉头老儿，你罩住了寒光，一定是捉住妖怪了吧？"

寿星也笑着说："在这儿，在这儿。请二位饶他一命吧！"

孙悟空问："妖怪和你有什么关系，你特地（tèdì）来为它说情（shuōqíng）？"

寿星笑着说："你们追赶的妖怪是我过去骑的一匹白鹿。"

悟空说："既然是老弟的东西，就叫他现出本相来看看。"

寿星听了悟空的话，指着那道寒光说："畜牲（chùsheng），快现本相，饶你一命！"果然，寒光一晃变成了一只白鹿。

寿星说："悟空，你饶了它，叫我把它带走吧！"悟空拦住他说："饶了它可以，可你先别走，还有两件事没办完呢。"

寿星问："悟空，还有两件什么事？"

悟空说："第一件是，还有个女妖怪没捉住！第二件是，你还得跟我们一起到比丘国去一趟，让国王看看老道和皇后的本来面目（běnlái miànmù），国王才会相信自己受骗了！"

寿星说："好，好！"

孙悟空、猪八戒和南极老寿星一起来到了清华洞。猪八戒进洞就喊："抓妖怪，抓妖怪！"那个躲在一边儿的女人吓得全身发抖，八戒看到她，"啪"的一耙子打过去，她的身体一闪（shǎn），变成一道寒光想往外跑。那道寒光被孙悟空挡住，"乒乓"一棒，那个女人站不住倒在地上，现了本相，原来是一只白面狐狸。八戒举起钉耙，朝着狐狸的头打下去，白面狐狸被打死了。

悟空说："好了，别打烂（dǎlàn）它，咱们还得带上这只死狐狸去让那个糊涂的国王看呢！"

八戒也不嫌（xián）脏，一把揪住（jiūzhù）死狐狸的尾巴，拖着死狐狸，跟着悟空走出了清华洞。

南极老寿星正摸着那只鹿的头教训（jiàoxun）着："你这个畜牲，背着（bèizhe）主人逃出来，在这儿做坏事，要是我不来，大圣一定打死你。"

老寿星一边骂一边解下长袍（chángpáo）的腰带（yāodài），拴在鹿的脖子上牵着，说："大圣，我和你去比丘国见那个国王吧！"

孙悟空、猪八戒和南极老寿星一起来到比丘国，进了宫殿。八戒把死狐狸往国王脚下一扔，说："国王，你看这就是你的皇后。"国王吓得胆战心惊（dǎnzhàn xīnjīng）！

这时候，悟空和南极老寿星牵着白鹿来到宫殿，吓得国王和文武百官一齐下拜（xiàbài）。悟空走过来搀住（chānzhù）国王，指着白鹿说："你不用拜我们，这只鹿是你的那位国丈，你只拜他就行了。"

国王非常羞愧地说："感谢神僧救了我们国家的孩子！"然后，马上叫人安排晚餐，请南极老寿星和唐僧师徒一起吃饭。喝过几杯酒以后，国王对悟空说："有一件事，还得请神僧指明。"

孙悟空问："什么事？"

国王说："昨天夜里，一阵狂风，把一千一百一十一个小孩儿刮走了，不知道刮到哪里去了？"

悟空笑着说："我师父怕这些孩子受害，叫我用了法术，把他们救走了。一会儿我就把孩子还给他们的父母。国王，以后不要再做这种伤害老百姓的事了。"国王红着脸，点点头。

晚餐结束了，寿星准备走了。国王跪在寿星面前，求寿星教他治病和延长寿命的办法。

寿星笑着说："我是来找这只白鹿的，所以身上没有带药。我的衣袖中只有三个枣儿（zǎor），送给你吧！"说完，寿星从衣袖中取出三个枣儿，递给国王说："这三个枣儿，你冲水（chōngshuǐ）

吃下去，病自然（zìrán）就好了。”国王向寿星磕头道谢（dàoxiè）。寿星向大家告别，骑上白鹿飞走了。

唐僧对悟空说：“徒弟，我们也跟国王告辞吧！”

国王叫人拿来一盘金子和一盘银子送给唐僧，唐僧坚决（jiānjué）不收，国王只好送唐僧师徒从宫殿里出来。

忽然，听到一阵风声，大路两边落下来一千一百一十一个木笼子。这是孙悟空使的法术，让土地神把那一千一百一十一个小孩和笼子一块儿送回来了。各家各户看见自己的孩子回来了，高兴得不得了。人们欢欢喜喜地从笼子里抱出自己的孩子，孩子们跳的跳，笑的笑，家家户户都感谢唐僧师徒的救命之恩。他们用手抬着猪八戒，用肩扛着沙僧，用头顶（dǐng）着孙悟空，搀扶着唐三藏（Táng Sānzàng），牵着马，挑着担。这家开宴会（kāi yànhuì），那家设宴席（shè yànxí）。来不及请到家里的，就给唐僧师徒做帽子、鞋子、衣服、袜子（wàzi）等等。

唐僧师徒在比丘国住了几天。国王再三（zàisān）请他们留下也留不住，只好和文武百官一起欢送。老百姓也领着儿女，拿着馒头点心，站在大路两边送行，一直送他们走到城外。

词语

罩住	zhàozhù	to cover up
南极	Nánjí	South Pole
老寿星	lǎo shòuxing	God of Longevity
特地	tèdì	purposely, making a point of (doing something)
说情	shuōqíng	to plead for forgiveness on another's behalf, to ask for leniency for somebody

畜牲	chùsheng	domestic animal(s); also an insult: you beast
本来面目	běnlái miànmù	true colours, true qualities
闪	shǎn	to dodge; to get out of the way or evade somebody
打烂	dǎlàn	to beat to a pulp
嫌	xián	to dislike, to complain about
揪住	jiūzhù	to grab, to seize
教训	jiàoxun	to upbraid somebody, to give somebody a talking-to
背着	bèizhe	behind somebody's back
长袍	chángpáo	a long gown or robe worn by men
腰带	yāodài	waistband, belt
胆战心惊	dǎnzhàn xīnjīng	to be terror-stricken
下拜	xiàbài	to bow down respectfully
搀住	chānzhù	help by the arm; support somebody with one's hand
枣儿	zǎor	date(s), jujube(s)
冲水	chōngshuǐ	to swallow with water
自然	zìrán	in a natural fashion
道谢	dàoxiè	to express one's gratitude
坚决	jiānjué	firmly, resolutely
顶	dǐng	to carry on one's head
唐三藏	Táng Sānzàng	another way of saying the monk Xuanzang
开宴会	kāi yànhuì	to give a banquet
设宴席	shè yànxí	to give a banquet
袜子	wàzi	socks, stockings
再三	zàisān	repeatedly, over and over again

（一）选择与划线的词语意思相近的解释

1. 寿星听了悟空的话，指着那道寒光说："畜牲，快现本相，饶你一命！"

A. 出现以前的景象　　B. 出现道人的样子

C. 现出本来的模样　　D. 现出本来的颜色

2. 国王红着脸，点点头。

A. 很热的样子　　B. 高兴的样子

C. 惭愧的样子　　D. 生气的样子

3. 各家各户看见自己的孩子回来了，高兴得不得了。

A. 不得不　　B. 极了

C. 不行了　　D. 不得

（二）请根据课文内容选择恰当的答案

1. 寿星用什么办法给国王治病？

A. 寿星给了国王一些药。

B. 寿星给国王吹了口仙气。

C. 寿星给国王两个枣儿作为药引子。

D. 寿星给了国王三个枣儿。

2. 国王要送给唐僧什么？

A. 三个红枣儿　　B. 关文

C. 一些馒头点心　　D. 一盘金子，一盘银子

3. 关于百姓感谢唐僧师徒的场景，下面哪一项与文中介绍的意思不同：

A. 他们用手抱着猪八戒。　　B. 他们用肩扛着沙僧。

C. 他们用头顶着孙悟空。　　D. 他们搀扶着唐三藏。

（三）说一说

1. 那个国丈和皇后是什么变的？

2. 妖怪被除掉以后，比丘国的人是怎样感谢唐僧师徒的？

五十二、孙悟空来到玉真观

唐僧师徒离开比丘国，继续向西前进。一路上碰到了那么多的艰难险阻，都被他们战胜了。这一天，他们来到了一个地方。这个地方跟他们经过的地方都不一样，简直（jiǎnzhí）是太美了。大路的两边都是仙花和仙草，又香又好看，古老的松树和柏树（bǎishù）长得特别高大。往远处一看，他们又看见一些楼阁（lóugé），特别漂亮。

唐僧骑在白龙马上，对孙悟空说："悟空啊，这里真是个好地方，我们到了什么地方了？"

悟空说："师父，再往前走就是佛祖住的地方——灵山（Língshān）了。"

唐僧一听，高兴极了，立刻从马上下来。他天天想、日日盼的西天终于到了。唐僧的心情又兴奋（xīngfèn）又紧张（jǐnzhāng）。

师徒四人又往前走了一阵儿，来到了灵山脚下一座楼阁的正面。一个道童正站在山门（shānmén）前，道童看到唐僧师徒就问："你们是不是从东土来的取经人？"

孙悟空认出了这位道人，对唐僧说："师父，他是灵山下玉真观（Yùzhēnguàn）的金顶大仙（Jīndǐng Dàxiān），是来接我们的。"唐僧赶快上前行礼。

大仙笑着说："观音菩萨十多年前领金旨（lǐng jīn zhǐ）到东土找人来取经，那时候，她对我说，你们两三年就能到这儿了。我一年一年地等着你们，那么多年都杳无音信（yǎo wú yīnxìn），没想到今天才跟你们相逢（xiāng féng）。"唐僧合着掌说："谢谢大仙，真是感激不尽（gǎnjī bújìn）！"

金顶大仙把唐僧师徒接到玉真观里，为他们准备了很好吃的饭菜。等唐僧师徒吃完饭，大仙又叫小道童烧了热水，请唐僧师徒洗澡。晚上，又请他们住在了玉真观。

第二天一早，唐僧换上了新衣服，披上了锦襕袈裟（jǐnlán jiāshā），戴上了毗卢帽（pílúmào），手握锡杖（xīzhàng），来向金顶大仙告辞。

大仙笑着说："今天你换新模样了，看你现在的模样，跟真佛一个样！"

唐僧说："谢谢你！我们现在就走了。"

大仙说："别着急，等我送送你们。"

悟空说："不用你送了，我认识路。"

大仙说："你认识的是云路，这地上的路。你还不熟悉(shúxi)。"

悟空说："对，对啊！虽然我见过几次如来，可都是从云里来从云里去，没有在地上走过。那么，就麻烦你送送我们吧！"

金顶大仙拉着唐僧的手，领他们从玉真观的后门出去。这里有一条通往灵山顶上的路。大仙用手指着山顶上被云彩围绕(wéirào)的宫殿说："沿着(yánzhe)这条路往上走，就到佛祖住的地方了。"

唐僧谢了大仙，就和徒弟们顺着山路往上走。走了五六里路，就听见"哗哗"的流水声。再往前走，是一道很深很深的山涧(shānjiàn)。这山涧大约有八九里宽。

唐僧担心地说："悟空，是我们走错路了呢，还是大仙指错路了呢？这儿的水，波浪汹涌(bōlàng xiōngyǒng)，又没有船，我们怎么过河呢？"

悟空说："师父，你看前面不是有一座大桥吗？从那座桥上走过去，才能成正果(zhèngguǒ)呢！"

唐僧他们走过去一看，山涧上只有一座独木桥(dúmùqiáo)，桥旁边有一块匾(biǎn)，匾上写着"凌云渡(Língyúndù)"三个大字。

猪八戒走到桥头往下一看，说："好深啊！下边的水流得那么急。"八戒吓得往后退了几步。

沙僧看了也说："太难走了。"

唐僧说："悟空，这桥不是人走的。我们找别的地方过去吧！"

悟空说："这就是路。"

八戒着急地说："这是路，谁敢走啊？水面又宽，波浪又汹涌，只有一根木头，又细又滑，怎么走啊？"

悟空说："你们站旁边，我走过去给你们看看。"孙悟空走到独木桥上，摇摇摆摆地往前走。走到一半儿，他就跑了过去。

孙悟空在桥那边大声喊："过来呀！过来呀！"

孙悟空又从桥那边跑过来，拉着八戒说："呆子，跟我走，跟我走。"

八戒趴在地上说："滑，滑，滑！我不走，你饶了我吧！猴哥啊，我驾着云过去吧！"

孙悟空说："不行，不行！这是什么地方？怎么能驾云呢？一定得从这桥上走过去，才能成佛（chéng fó）。"

八戒摇了摇头："猴哥，我实在（shízài）过不去呀！"

他们正说着，忽然看见一个人摇着一条船过来了。唐僧一看，高兴了。他说："有船就可以过河了！"可是仔细一看，奇怪，这船没有底儿，船里还有好多水。

孙悟空已经认出那个摇船（yáo chuán）的人正是接引佛祖，但是没说出来。悟空对着那个摇船的人喊着："请过来，我们要过河去！"

那船马上靠了过来，摇船的人说着："上船吧，上船吧！"

唐僧担心地说："你这没底儿的破船，能渡（dù）人吗？"

孙悟空合掌谢了谢摇船的人，对唐僧说："师父，上船吧！这船虽然没有底儿，但很稳，就是有大风大浪也不会翻。"说着，孙悟空跳过去，把师父扶上了船，唐僧没站住，掉进了水里，被那个摇船的人一把拉起来。唐僧一边抖着衣服上的水，一边向悟空抱怨（bàoyuàn）。悟空又拉着八戒上了船。沙僧也牵着白龙马上了船。船走起来了，这时唐僧看见船旁边漂（piāo）过一个死尸（sǐshī），

唐僧吓了一跳。

悟空说："师父，您别怕。这就是原来的您。"

八戒说："是您，是您。"

沙僧也拍着手说："是您，是您。"

摇船的人也说："今日脱了凡胎（tuōle fántāi），可贺，可贺！"

唐僧师徒很快就稳稳当当地到了对岸。他们上了岸，觉得全身很舒服，身体也特别轻。他们回过头要谢谢那个摇船人的时候，那人和船已经不知去哪儿了。这时候，悟空才说出那个摇船人就是接引佛祖，刚才接引他们的那条没有底儿、里面还有好多水的船，原来是为了让唐僧师徒们洗一洗人间的尘土，变成佛。唐僧这才明白，他转过身来，要感谢三个徒弟。

悟空马上说："师父，您不必谢我们。咱们是互相帮助啊！您解救（jiějiù）了徒弟，让徒弟一路上修功德（xiū gōngdé），现在成了正果；徒弟保护您来西天，您现在脱了凡胎。"悟空又说："师父，您看这里的花儿、草儿、松、柏，凤、鸟、鹤、鹿，真美啊！"

唐僧师徒欣赏（xīnshǎng）着优美的风景，向灵山顶上的雷音寺（Léiyīnsì）走去。

词语

简直	jiǎnzhí	really, simply
柏树	bǎishù	a type of cypress tree
楼阁	lóugé	multi-storied building(s)
灵山	Língshān	Sacred Mountain
兴奋	xīngfèn	excited
紧张	jǐnzhāng	anxious, nervous
山门	shānmén	main entrance to a Buddhist temple or monastery

玉真观	Yùzhēnguàn	the Jade Truth Temple
金顶大仙	Jīndǐng Dàxiān	the Golden Crested Great Immortal
领金旨	lǐng jīn zhǐ	to receive Buddha's orders (which in this context are to go to China and look for somebody...)
杳无音信	yǎo wú yīnxìn	to have gone by without (hearing) any news
相逢	xiāngféng	to meet by chance
感激不尽	gǎnjī bújìn	to feel eternally grateful
锦襕袈裟	jǐnlán jiāshā	a ceremonial Buddhist brocaded cassock
毗卢帽	pílúmào	a ceremonial hat worn by Buddhist monks
锡杖	xīzhàng	a Buddhist monk's cane
熟悉	shúxi	to know very well, to be familiar with
围绕	wéirào	encircled, surrounded
沿着	yánzhe	along; following
山涧	shānjiàn	mountain stream
波浪汹涌	bōlàng xiōngyǒng	(to have) turbulent waves
正果	zhèngguǒ	to attain the way
独木桥	dúmùqiáo	a single-plank bridge
匾	biǎn	a notice board, a horizontal inscribed board or plaque
凌云渡	Língyúndù	Cloud Reach Crossing
成佛	chéng fó	to turn into a Buddha, die and achieve immortality
实在	shízài	honestly, really
摇船	yáo chuán	to row a boat
渡	dù	to cross a river
抱怨	bàoyuàn	to complain (to), to grumble (to)
漂	piāo	to float, to drift
死尸	sǐshī	corpse

脱了凡胎	tuōle fántāi	to get rid of one's mortal body
解救	jiějiù	to save, to rescue
修功德	xiū gōngdé	to cultivate virtue
欣赏	xīnshǎng	to enjoy, to appreciate
雷音寺	Léiyīnsì	Thunderclap Temple

练 习

（一）选择与划线的词语意思相近的解释

1. 孙悟空认出了这位道人，对唐僧说："师父，他是灵山下玉真观的金顶大仙，是来接我们的。"

A. 认识　　B. 知道

C. 认出来　　D. 说出来

2. 悟空马上说："师父，您不必谢我们。咱们是互相帮助啊！"

A. 不一定　　B. 不用

C. 未必　　D. 不是必须

3. 徒弟保护您来西天，您现在脱了凡胎。

A. 尘世的　　B. 平常的

C. 正常的　　D. 神仙的

（二）请根据课文内容选择恰当的答案

1. 关于金顶大仙接待唐僧师徒，文中没有介绍的是：

A. 金顶大仙把唐僧师徒接到玉真观里。

B. 金顶大仙为唐僧师徒准备了很好吃的饭菜。

C. 金顶大仙叫小道童烧了热水，请唐僧师徒洗澡。

D. 金顶大仙请唐僧师徒在玉真观住了两夜。

2. 关于凌云渡，不正确的是：

A. 水面很宽　　　　　　B. 水很深

C. 水流很急　　　　　　D. 没有桥

3. 关于在凌云渡唐僧掉入水中，不正确的是：

A. 是孙悟空有意让他掉进去的。

B. 唐僧从水里上船后很不高兴。

C. 唐僧不应该掉进水里。

D. 看到水里出现唐僧的尸体大家都很高兴。

（三）说一说

1. 唐僧师徒看到凌云渡时，他们说了什么？
2. 说一说唐僧师徒过凌云渡的经过。

五十三、唐僧师徒取到了真经

唐僧师徒到了雷音寺的山门外边，门口有两位金刚（jīngāng）迎上来说："圣僧来了？"

唐僧赶紧把手一合，弯腰说："是！是弟子玄奘（Xuánzàng）到了。"唐僧说完就想进门。

金刚说："圣僧，请稍等。等我禀报（bǐngbào）以后再进来。"那个金刚从大门传报到二门，二门上的四大金刚又传报到三门，三门的金刚来到大雄宝殿（Dàxióng Bǎodiàn），向如来佛报告说："唐朝取经的和尚已经到了。"

如来佛非常高兴，他召（zhào）来八位菩萨、四大金刚、五百个罗汉（luóhàn）……站在大殿的两边，然后传金旨（chuán jīn zhǐ）召唐僧进殿。

唐僧、悟空、八戒、沙和尚四人，牵着白龙马，挑着行李，来到大雄宝殿，走到如来佛面前。唐僧师徒一齐跪下，拜了三拜。又转身向左边拜，再转身向右边拜。然后，又对着如来佛跪下。唐僧把关文捧给如来佛。如来一一看过之后，还给了唐僧。唐僧对如来佛祖说："弟子玄奘，受东土大唐皇帝的派遣（pàiqiǎn），来到西天。拜求真经，以济众生（yǐ jì zhòngshēng）。望佛祖早点儿送给我们真经，我们好早日回国。"

如来知道唐僧是一片真心（yípiàn zhēnxīn）来取经，就叫两位管理（guǎnlǐ）经书的神仙，先带唐僧他们去吃饭，然后再把真经交给他们，让他们带回东土大唐去。

两位管理经书的神仙遵照（zūnzhào）如来的旨意（zhǐyì），领着唐僧师徒吃了饭，然后又领他们到了藏（cáng）经书的楼前，打开了藏经楼的大门。唐僧师徒进了藏经楼，他们看到，那么多的经书摆放得整整齐齐，放经书的柜子上都贴着红色的书签（shūqiān）。经书的匣子（xiázi）上都写着经卷（jīngjuàn）的名字。两位神仙陪着唐僧参观完经书库（kù）后，对唐僧说："圣僧从东土大唐来这儿给我们带了什么礼物？快拿出来，我们好给你经书。”

唐僧老老实实地说：“从东土到西天，路途太遥远（yáoyuǎn）了，弟子没有带礼物来。”

两位神仙听了，笑着说：“好，好，好，像你们这样空着手来取经，我们的后代（hòudài）就该饿死了！”

孙悟空看他们不愿意给经书，就说：“师父，走，我们告诉如来佛去。”

另一位神仙说：“别吵，这是什么地方，快来接经书。”

八戒、沙僧只好劝住（quànzhù）了悟空，连忙过去接书。一卷又一卷的书接过来，包在一个大包袱里。然后把包袱放在白龙马的背上。最后，他们来到大雄宝殿拜谢了如来佛，告别了各位金刚、罗汉，就出了佛门，下山了。

藏经书的楼里，有一位管理灯的古佛。古佛刚才看见唐僧他们来取经书，也听见了他们的谈话。古佛知道唐僧师徒们刚才取走的是些无字的经书，心想：“唐僧肯定不知道那些是无字的经书。他们师徒经历了千辛万苦（qiānxīn wànkǔ），走过了千山万水（qiānshān wànshuǐ）才到这儿的，怎么能让他们白来一趟呢？”想到这儿，古佛请来他身边的一个神仙，让这个神仙去追赶唐僧。那个神仙听了古佛的话，驾起狂风很快追上了唐僧师徒。当他飞到唐僧师徒的上空时，唐僧师徒忽然闻到一阵香风，又看到从半空中伸下一只手来，把白龙马背上的经书全拿走了。这下儿可急坏了唐僧和他的徒弟，唐僧急得捶胸顿足（chuíxiōng dùnzú）。孙悟空和八戒转身去追，沙和尚守护住担子。

那个神仙见孙悟空追上来了，也怕孙悟空的金箍棒打伤自己，就把装经书的包袱弄开，把经书抛落下来。孙悟空一看经书的包袱破了，那些经书被香风吹得飘落下，就顾不得再去追赶，马上从空中下来，一本一本地去捡（jiǎn）。

唐僧流着眼泪说：“唉，这个极乐世界（jílè shìjiè），怎么也

有……”

沙僧接过经书，翻开一本一看，大吃一惊，这本经书上一个字也没有。沙僧马上把经书递给唐僧说：“师父，这本经书上没有字！”

悟空听了，打开另一本一看，也没有字。八戒又打开一本，还是没有字。唐僧说：“把这些经书都打开看看！”四个人一块把经书都打开看了一遍，都是没有字的本儿。

唐僧流着眼泪，叹了口气说：“这些没有字的本子，拿回去有什么用？我怎么去见大唐皇帝？”

孙悟空一看就明白了，他对唐僧说：“师父，走，咱们再上山找如来佛去！”

唐僧师徒又回到了雷音寺，来到大雄宝殿。孙悟空大声喊着：“如来，我们师徒吃（chī）了那么多苦（kǔ），从东土到你这里取经。你派的两个神仙让我们给他们送礼物，我们没有带礼物，他们就把白纸本子给了我们。我们要它有什么用？”

如来佛笑着说：“悟空，你不要大声喊。他俩向你们要礼物的事情，我已经知道了。但这经书不能轻易外传（wàichuán），也不能空手取走。你们空手来取，就给了你们白本，这白本叫无字经，也是很好的真经。”

唐僧跪在地上，请求如来佛给他有字的真经。如来佛才又对那两个管理经书的神仙说：“从有字的真经里每部给他们拿几卷吧。”

两个管理经书的神仙领着唐僧师徒第二次来到藏经楼里。唐僧怕他们又给无字的经书，就把东土大唐皇帝送给他的那个紫金钵（zǐjīnbō）送给了两位神仙，两位神仙这才给了他们五千零四十八卷的有字真经。唐僧师徒这次一卷一卷地看过之后，才把经书包起来，再放到白龙马的背上。

唐僧师徒再次来拜谢如来佛，如来对唐僧说：“这些经书是宝贝啊！你带到东土，给人们看的时候，不洗礼（xǐlǐ）不斋戒

(zhāijiè)，不可以打开经卷。经卷里有成仙（chéng xiān）得道（dé dào）的奥妙（àomiào），有发明（fāmíng）万物（wànwù）的方法，还有……"

唐僧磕头谢恩（xiè'ēn），拿着锡杖，按了按毗卢帽，抖了抖袈裟，和徒弟们带着经书，高高兴兴地下山了。

金刚	jīngāng	Buddha's warrior attendant(s)
玄奘	Xuánzàng	(600 – 664) a Buddhist priest, also known as San Zang or Tripitaka, who visited India from 629 to 645 and returned with many Buddhist scriptures
禀报	bǐngbào	to report to one's superior
大雄宝殿	Dàxióng Bǎodiàn	the Precious Hall of the Great Hero (the main hall of a Buddhist temple)
召	zhào	to summon
罗汉	luóhàn	arhat(s), Buddhist saint(s)
传金旨	chuán jīn zhǐ	to pass on Buddha's orders (which, in this context are to summon Tang Seng…)
派遣	pàiqiǎn	to send on a mission
以济众生	yǐ jì zhòngshēng	to be the salvation of mankind
一片真心	yípiàn zhēnxīn	in all sincerity
管理	guǎnlǐ	to administer, to be in charge of
遵照	zūnzhào	to obey
旨意	zhǐyì	order, decree
藏$_2$	cáng	to store
书签	shūqiān	book title labels
匣子	xiázi	small box, case

经卷	jīng juàn	sutras in scroll form
库	kù	storehouse, warehouse, treasury
遥远	yáoyuǎn	far away, distant, remote
后代	hòudài	later generations, descendants
劝住	quànzhù	to calm somebody down, persuade somebody to give up or stop
千辛万苦	qiānxīn wànkǔ	countless sufferings and innumerable hardships
千山万水	qiānshān wànshuǐ	long and arduous journey (many mountains and rivers)
捶胸顿足	chuíxiōng dùnzú	to beat one's breast and stamp one's feet (mostly in grief)
捡	jiǎn	to pick up, to collect, to gather
极乐世界	jílè shìjiè	paradise; Buddhist term variously translated as the Land of Ultimate Bliss, Pure Land, Western Paradise
吃苦	chīkǔ	endure hardship
外传	wàichuán	spread; leak
紫金钵	zǐjīnbō	gold alms bowl
洗礼	xǐlǐ	baptism, to be ritually washed; to undergo baptism (literally or figuratively)
斋戒	zhāijiè	to purify oneself by fasting
成仙	chéng xiān	immortal being; becoming an immortal
得道	dé dào	acting in accordance to justice and morality, attaining Buddhist enlightenment
奥妙	àomiào	the mysterious
发明	fāmíng	inventing, inventions
万物	wànwù	all things in the universe
谢恩	xiè'ēn	thank for kindness shown

练 习

（一）选择与划线的词语意思相近的解释

1. 那个金刚从大门传报到二门，二门上的四大金刚又传报到三门，三门的金刚来到大雄宝殿，向如来佛报告说："唐朝取经的和尚已经到了。"

A. 由一方给另一方

B. 由一方递给另一方

C. 由一方报告给另一方

D. 由一方交给另一方

2. 他们师徒经历了千辛万苦，走过了千山万水才到这儿的，怎么能让他们白来一趟呢？

A. 明白　　B. 徒劳

C. 清楚　　D. 错误

3. 唐僧师徒这次一卷一卷地看过之后，才把经书包起来，再放到白龙马的背上。

A. 一册一册　　B. 一行一行

C. 一遍一遍　　D. 一次一次

（二）请根据课文内容选择恰当的答案

1. 下面哪一项，与文中介绍的相同？

A. 孙悟空看到无字经后非常生气。

B. 如来批评了两个管理经书的神仙。

C. 第二次他们也没给两个管经书的神仙礼物。

D. 如来佛祖说经书什么人什么时候都可以看。

2. 关于藏经楼，文中没有介绍的是：

A. 楼里的无字经最多。

B. 经书摆放得很整齐。

C. 放经书的柜子上都贴了红色的书签。

D. 经书的匣子上都写着经卷的名字。

3. 唐僧师徒取到了多少经书？

A. 五千零四十八卷　　B. 四千零五十八卷

C. 五千零十八卷　　D. 四千零八十八卷

（三）说一说

1. 唐僧师徒是怎么取到有字的经书的？
2. 说一说你知道哪些宗教，你信仰宗教吗？

五十四、唐僧师徒回到通天河

唐僧和徒弟们带着经书，高高兴兴地下山去了。

观音菩萨来到雷音寺，她合掌对如来佛祖说："弟子当年领金旨去东土找取经的人，现在取经已经成功。一共用了十四年，是五千零四十天。弟子请求佛祖让唐僧师徒八天之内把经书送到东土大唐再回来。"

如来就把八大金刚叫来，说："你们驾云保护唐僧回东土大唐，把真经留在那儿，八天之内，再把他们领回来。"

八大金刚按照如来佛的意思，驾着云追上了唐僧师徒，喊着："圣僧，我们送你回去。"说着，使了个法术，一阵香风吹向唐僧，唐僧就飞了起来。悟空、八戒、沙僧和白龙马也一起飞到了空中，跟着金刚们，驾着云往东去了。

观音菩萨知道唐僧他们已经取到了真经，查（chá）了查，他们在取经的路上一共遇到过八十次困难。观音菩萨想："我们佛家（fójiā）讲'九九（jiǔ jiǔ）'，九九八十一（jiǔ jiǔ bāshíyī），他们还应该有一难。"

观音菩萨派了一位神仙去见送唐僧师徒的金刚。神仙对金刚说："唐僧一定要受九九八十一次大难才能成佛，现在还少一难。观音菩萨让你们放他们师徒去人间。"

金刚往下边一看，正好是通天河，于是就停住了风。唐僧不知不觉地从空中往下落。悟空、八戒和沙僧保护着师父，还有白龙马也跟着落到了地面。

八戒说："如来佛让金刚送我们回东土，怎么半路就把师父扔下来了？"

唐僧说："八戒，你们看看这里是什么地方？"

孙悟空跳到空中向四周看了看，下来说："师父，这儿是通天河的西岸。"

唐僧说："我想起来了。在东岸有个陈家庄，那年，咱们还救了陈家的儿女。他们要造船送我们，后来多亏大乌龟帮助了我们，把我们送到了西岸。可是西岸没有村庄，谁能把我们送到东岸去呢？"

沙僧说："我们到河边去看看，也许那儿有船。"他们刚走到河边，忽然听见有人喊："唐圣僧，唐圣僧，来这里！来这里！"唐僧他们抬头一看，没有人，也没有船。再一看，是一只大乌龟在岸边伸着头叫呢："圣僧，我等你们好几年了。你们怎么这个时候才回来呀？"

唐僧师徒看见大乌龟，高兴极了。悟空说："上次多亏你的帮助，我们才过了通天河。没想到今天又碰到你了。"

老乌龟往岸上爬了几步，请唐僧师徒还像上次那样站在它的背上过河。等唐僧师徒站好以后，老乌龟慢慢地爬进水里，然后飞快地往东岸游过去。

老乌龟带着唐僧师徒向东游了半天多的时间，眼看就要到东岸了，大乌龟伸出头问唐僧："圣僧，我当年带你过河，求你到西天见了如来佛，帮我问问我什么时候才能变成人，你问了吗？佛祖是怎么说的？"

唐僧一听愣了。他一心一意地取经，把老乌龟的事情忘了。现在唐僧没有话可以回答老乌龟，又不敢说谎骗老乌龟。唐僧很不好意思，只好低着头，半天没说话。老乌龟一看唐僧的样子，心里就全明白了。

老乌龟一生气，把身体一晃，"哗啦"一声钻进水里去了，唐僧师徒连同白龙马全都掉进了通天河里。幸好离岸不远了，悟空拉住唐僧，他们一起上了岸。可是，装经书的包袱和行李都湿透（shītòu）了。

唐僧师徒正想打开行李，整理一下。忽然刮起了狂风，飞沙走石（fēishā zǒushí）。紧接着，又打雷又闪电，还下起了大雾（wù）。吓得唐僧按住了经书，沙僧压住了经担，八戒牵住了白龙马，悟空双手抡起金箍棒左右保护。原来风、雷、电、雾都是阴间（yīnjiān）的妖怪弄的，他们想来抢走经书。多亏师徒齐心协力（qíxīn xiélì），加上天慢慢地亮起来，所以才没被抢走。

师徒四人忙了一夜，一直到第二天天亮时风才停止。过了一会儿，太阳出来了。唐僧师徒马上打开装经书的包袱，把经书一卷一卷地打开，摆在河边的石头上晾（liàng）着。然后，又把湿的行李也打开，摆在岸边的石头上晾着。到太阳快落山的时候，经书和行李还没晾干。

这时候，正好有几个陈家庄的打鱼人路过河边，有一个认识唐僧的人问："你们是不是前几年过这条河去西天取经的人？"

八戒回答："正是，正是。你是哪儿的人？怎么认得我们？"

打鱼的人说："我们是陈家庄的打鱼人。"

八戒问："陈家庄离这儿有多远？"

打鱼的人回答："从这儿走二十里路，就到了。"

八戒对师父说："师父，我们把经书搬到陈家庄去晒吧！那儿有住的地方，又有吃的东西。怎么样？"

唐僧说："不去了，在这儿晾干了，我们就找路回去了。"

打鱼的人看唐僧不打算离开这儿，就自己回陈家庄去了。

词语

查	chá	to check; to investigate
佛家	fójiā	Buddhist school of philosophy
九九	jiǔ jiǔ	nine times nine
九九八十一	jiǔ jiǔ bāshíyī	nine times nine, eighty-one
湿透	shītòu	drenched, soaked
飞沙走石	fēishā zǒushí	violent windstorm, sandstorm
雾	wù	fog (here: 大雾, dense fog)
阴间	yīnjiān	the netherworld
齐心协力	qíxīn xiélì	to make concerted efforts
晾	liàng	to air dry, to dry in the sun

练　习

（一）选择与划线的词语意思相近的解释

1. 弟子请求佛祖让唐僧师徒八天之内把经书送到东土大唐再回来。

A. 超过八天　　B. 最少八天

C. 不多于八天的时间　　D. 八天之中的一天

2. 老乌龟一生气，把身体一晃，"哗啦"一声钻进水里去了，唐僧师徒连同白龙马全都掉进了通天河里。

A. 连接着　　B. 和

C. 连续着　　D. 牵着

3. 你是哪儿的人？怎么认得我们？

A. 认识　　B. 记住

C. 了解　　D. 理解

（二）请根据课文内容选择恰当的答案

1. 唐僧师徒们取经成功，走了多少天？

A. 十年　　B. 十四年

C. 五千零四十天　　D. 五千零四十八天

2. 通天河的那只大乌龟为什么一直在等着唐僧师徒？

A. 它想帮助唐僧师徒过通天河。

B. 它想让唐僧师徒掉进通天河。

C. 它在等待佛祖的答复。

D. 它在等待唐僧传经。

3. 唐僧师徒遇到多少次大难以后，才能成佛？

A. 九次　　B. 九十九次

C. 八十次　　D. 八十一次

 （三）说一说

1. 观音菩萨为什么让八大金刚放唐僧师徒去人间？
2. 唐僧师徒们又遇到了什么困难？

五十五、唐僧师徒回到了大唐

唐僧师徒在通天河东岸晾经书和衣服的时候，陈家庄的几个打鱼人路过这儿，看见了他们。那几个打鱼人一回村，就把看见唐僧师徒的事告诉了陈家庄的老陈兄弟。兄弟俩急忙跑到河边，在唐僧师徒面前跪下说："师父取经回来怎么不到我家里来休息，却在这里呆（dāi）着？快请到我家里去吧！"在老陈兄弟一次又一次地请求下，唐僧师徒收拾好经书和行李，跟着老陈兄弟一起到陈家庄去了。

唐僧师徒回到陈家庄的消息，一传十，十传百，陈家庄的老老少少都出来迎接他们。老陈兄弟在村里摆上了香台（xiāngtái），还吹打（chuīdǎ）鼓乐（gǔyuè）。陈家兄弟领着全家人都来拜谢唐僧师徒，还为唐僧师徒准备好了饭菜。唐僧师徒吃完饭后，想告别陈家庄的人，可是那陈家兄弟哪里肯让他们马上离开。陈老大告诉唐僧："为了报答师父救我们儿女的恩情，我们建了一座楼，名叫救生寺（Jiùshēngsì），这里每天有人来烧香磕头。"老陈兄弟和庄上的人们，陪着唐僧师徒来到了救生寺，寺里有唐僧师徒四人的塑像（sùxiàng）。八戒拉着悟空说："师兄的样子真像。"

沙僧说："二哥，你的也很像，师父的比真人更俊（jùn）些。"

孙悟空问："过去的大王庙怎么样了？"

他们身边的人回答："那庙当年就拆（chāi）了。师父，建了这救生寺以后，我们这儿年年都有好收成（hǎo shōucheng）。这都是你们给我们带来的福啊！"

悟空笑着说："这是天给你们的，希望你们以后年年都有好收成！"

很多人都要请唐僧师徒去自己家里吃饭。唐僧说："我们非常感谢，今天已经很晚了，明天我们再去吧。"

晚上，唐僧坐在那儿，看管着放在身边的经书。到了三更天，唐僧悄悄地说："悟空，我们不能再呆在这儿了。"

悟空说："师父，你说得对。我们趁着现在陈家庄的人都熟睡

(shúshuì) 的时候，悄悄地离开这里吧。”

八戒和沙僧也醒了，师徒四人把经书放到白龙马身上，带着行李找到向东去的路，刚走了几步，就听见半空中的八大金刚喊着："圣僧，跟我们来吧！”金刚们又刮起了一阵很香的风，把唐僧师徒向东吹去。

八大金刚驾着云送唐僧师徒，不到一天，就到了东土，很快就看见了长安城。

自从派唐僧去西天取经以后，皇帝为了迎接唐僧回来，就开始让人在长安城外建造望经楼（Wàngjīnglóu）。望经楼建好以后，皇帝就年年来这里。这一天，皇帝和文武官员正在望经楼里，忽然从正西方飘过来阵阵香气。

八大金刚停在空中说："圣僧，下面就是长安城了。我们就不下去了，你的三位徒弟也不用下去了。你把经书交给皇帝就马上回来，我们在这里等你，跟你一块儿回西天去。”

孙悟空说："但是我师父一个人怎么能拿得动那么多的经书？怎么能牵得了这匹马？我们得和他一起去，麻烦你们在这儿等一下吧！”

金刚们点点头。孙悟空领着师父，八戒挑着担子，沙僧牵着马，都从空中落下来，正好落在望经楼旁边。

皇帝和百官马上下楼来迎接。唐僧拜见皇帝，皇帝马上搀起唐僧，说："一路辛苦了！你身边的这三位是什么人？”

唐僧回答说："这是我在取经路上收的徒弟。”

皇帝非常高兴，让唐僧骑上马和自己一起回朝（huí cháo）。孙悟空、猪八戒和沙和尚都跟在后面，一块儿向皇宫走去。全城的人都知道是取经的人回来了，大家都出来看热闹。

就在这一天，在唐僧去西天以前住过的洪福寺里，几个和尚看见寺里松树的头都朝着东边。和尚们觉得很奇怪，也没有刮风，这树的头怎么会转向东边呢？

唐僧的一个徒弟说："快拿衣服来！一定是我师父取经回来了！"

大家问："你怎么知道的？"

"当年我师父离开这儿的时候对我说过：'我这一走，也许是三五年，也许是六七年。但是，如果看到松树的枝头向东的时候，我就回来了。'现在我师父一定回来了！"当他们穿好衣服跑出来时，听到大街上的人正在说，取经的人刚刚到，皇帝亲自迎接他们去了。

呆	dāi	to stay (in a place)
香台	xiāngtái	an incense-stand
吹打	chuīdǎ	to play wind and percussion instruments
鼓乐	gǔyuè	drums and music; music (especially traditional Chinese music); music accompanied by drums
救生寺	Jiùshēngsì	the Temple of Deliverance
塑像	sùxiàng	statue(s)
俊	jùn	handsome, good-looking
拆	chāi	to demolish, to dismantle
好收成	hǎo shōucheng	a bumper harvest; a good harvest
熟睡	shúshuì	to sleep soundly
望经楼	Wàngjīnglóu	Scripture Look-out Tower
回朝	huí cháo	to return to the court of the Emperor

(一) 选择与划线的词语意思相近的解释

1. 唐僧师徒回到陈家庄的消息，一传十，十传百……

   A. 给　　B. 说

   C. 转告　　D. 听说

2. 唐僧师徒吃完饭以后，想告别陈家庄的人，可是那陈家兄弟哪里肯让他们马上离开。

   A. 不肯定　　B. 不愿意

   C. 不能够　　D. 很希望

3. 我师父一个人怎么能拿得动那么多的经书？怎么能牵得了这匹马？我们得和他一起去。

   A. 拿得了　　B. 抬得动

   C. 举得起来　　D. 拿得下

(二) 请根据课文内容选择恰当的答案

1. 为了报答唐僧师徒的恩情，陈家兄弟建了一座楼，名字叫：

   A. 望经楼　　B. 洪福寺

   C. 救生寺　　D. 大王庙

2. 下面哪一项与文中介绍的内容不同？

   A. 唐僧师徒回到长安城时，皇帝和文武百官正在望经楼上。

   B. 唐僧师徒回到长安城时，皇帝和文武百官闻到阵阵香风。

   C. 唐僧师徒回到长安城时，洪福寺里的僧人看见几棵松树的头都朝着西边。

   D. 唐僧师徒回到长安城时，是皇帝亲自迎接他们的。

3. 下面哪一项不是唐僧去西天前对洪福寺的徒弟说过的话？

A. 我也许是三五年以后回来。

B. 我也许是六七年以后回来。

C. 我回来的时候给我拿衣服。

D. 松树的枝头向东的时候我就回来了。

（三）说一说

1. 陈家庄的人为什么建了救生寺？现在陈家庄的人生活得怎么样？

2. 说一说唐僧取经回来，到长安城时的情景。

五十六、唐僧师徒成佛了

唐僧跟着皇帝和文武官员一块儿到了长安城，一起进了宫殿。皇帝请唐僧坐在自己旁边。唐僧叫徒弟们把经卷抬了上来。皇帝问："这次高僧取了多少经书？"

唐僧回答："这经书一共有五千零四十八卷。"皇帝非常高兴，让唐僧讲了取经的经过。

唐僧向皇帝详细地介绍了他的三个徒弟："大徒弟姓孙，名悟空。他原来在花果山水帘洞，后来被佛祖压在五行山下，是我把他救了出来。这次取经多亏他保护我。二徒弟姓猪，名悟能，我又叫他猪八戒。他从前在高老庄做坏事，悟空制服（zhìfú）了他。一路上他为我挑担子。我的三徒弟姓沙，名悟净，我又叫他沙和尚。他原来在流沙河，后来我们收留了他。这匹马也不是皇帝当年送我的那匹马了。"

皇帝问："这匹马的样子跟当年我送给你的那匹马一模一样，怎么说不是我送你的那匹了呢？"

唐僧说："它原来是西海龙王的儿子，你送给我的那匹马被它吃了。后来菩萨让它变成和原来一模一样的白马，让我骑着去西天。回来的时候也是它驮着这些经书。"

皇帝听了十分满意，又问："唐僧，从这儿到西天有多远？"

唐僧说："菩萨告诉我，一共有十万八千里。我们经历了整整十四个春秋。我们还走过了很多山，经过了很多河，还路过了很多国家。"然后，唐僧把换的关文一一递给皇帝看。皇帝看完后，叫人收藏起来。

为了感谢唐僧师徒，皇帝早就准备好了丰盛（fēngshèng）的宴席。今天的宴席不同（bùtóng）寻常（xúncháng），宴会厅（yànhuìtīng）的大门口悬挂（xuánguà）着彩绣（cǎixiù），地上铺着红色的地毯（dìtǎn）。各种新鲜的果品香味扑鼻（xiāngwèi pūbí）。琥珀（hǔpò）杯，琉璃（liúli）盏（zhǎn），黄金盘，白玉碗。煮烂的蔓菁（mánjing），糖浇的香芋（xiāngyù），甜美的蘑菇

(mógu)。江南江北的水果，样样俱全（yàngyàng jùquán）。还有美酒和香茶。数不尽（shǔ bú jìn）的美味佳肴（měiwèi jiāyáo）有几百种。唐僧师徒和文武百官坐在两边，皇帝坐在中间，看着歌舞，听着音乐，一直到很晚才散。皇帝回了宫殿，百官回了自己的家，唐僧师徒去了洪福寺。

第二天，皇帝决定把真经放在长安城里最干净的一座寺院——雁塔寺（Yàntǎsì）里，又在那儿搭了一个高台，请唐僧在那儿念经。

唐僧捧着几卷经书上了高台，刚要念的时候，忽然刮起了一阵香风，半空中出现了八大金刚。他们喊着："圣僧，快放下经卷，跟我们回西天去吧！"话刚说完，半空中就响起了美妙（měimiào）的音乐。接着，唐僧师徒四人和白龙马一起被云托着，越升越高，到空中去了。皇帝和文武官员还有老百姓都跪下向天空拜了又拜。

八大金刚带着唐僧师徒和白龙马回到了灵山，来回正好用了八天时间。他们拜见了如来佛祖，如来说："圣僧，你取经的功劳很大，现在让你当功德佛（Gōngdéfó）。孙悟空，你打击坏人保护好人，一路上除妖有功，而且一心一意保护师父，现在让你当斗战胜佛（Dòuzhànshèngfó）。猪八戒，你一路保护师父，挑担有功，现在让你当净坛使者（Jìngtán Shǐzhě）。沙和尚，你一路保护师父，登山牵马有功，现在让你当金身罗汉（Jīnshēn Luóhàn）。"如来又把白龙马叫过来说："你驮着圣僧来西天，也有功劳，现在让你当八部天龙马（Bābù Tiānlóngmǎ）。"

唐僧师徒和白龙马磕头感谢如来佛，如来佛又叫来一个神仙把白龙马带到灵山后面的化龙池（Huàlóngchí）边。白龙马的身体在池水中转动了一下，全身的皮毛就都换了，身上长出了金色的鳞，腮（sāi）下长出了银色的胡子（húzi），浑身闪闪发光，飞出了化龙池，缠（chán）在山门的华表柱（huábiǎozhù）上。

孙悟空跟唐僧说："师父，现在咱们都成佛了，我和你是一样的了，你还让我戴着金箍吗？你还是赶快念个松箍咒，把我头上的这个金箍摘下来吧！”

唐僧笑了笑说：“当初是因为你太不听话，才用这个金箍箍着你。今天你已经成了佛，自然应该把它拿下来了！你摸摸你的头吧！”

孙悟空一摸脑袋：“咦？头上的那个金箍已经不在了！”八戒、沙僧看着师父和师兄都开心地笑了。

朋友们，西游记的故事就写到这儿了。我要感谢你们读完这本书。要是你们对书里的故事感兴趣的话，你们现在可以试着去读《西游记》原著了。

词　语

制服	zhìfú	to subdue, to restrain
丰盛	fēngshèng	rich, plentiful, sumptuous
不同	bùtóng	to be different
寻常	xúncháng	ordinary, common
宴会厅	yànhuìtīng	banquet hall
悬挂	xuánguà	to hang (like decorations)
彩绣	cǎixiù	colorful embroideries
地毯	dìtǎn	rug
香味扑鼻	xiāngwèi pūbí	sweet smells asail the nostrils; to sense a strong sweet or fragrant smell
琥珀	hǔpò	amber
琉璃	liúli	glazed
盏	zhǎn	wine cup
煮烂	zhǔlàn	boiled until soft and mushy
蔓菁	mánjing	an edible vine
香芋	xiāngyù	taro

蘑菇	mógu	mushroom
样样俱全	yàngyàng jùquán	complete with every type
数不尽	shǔ bú jìn	countless
美味佳肴	měiwèi jiāyáo	delicacies
雁塔寺	Yàntǎsì	Wild Goose Pagoda Temple
美妙	měimiào	wonderful, splendid
功德佛	Gōngdéfó	Buddha of Precocious Merit; Buddha of Meritorious Deeds and Virtue
斗战胜佛	Dòuzhànshèngfó	Buddha Victorious in Strife
净坛使者	Jìngtán Shǐzhě	Altar Cleaner Envoy; Cleaner of the Altar
金身罗汉	Jīnshēn Luóhàn	Golden-Bodied Arhat
八部天龙马	Bābù Tiānlóngmǎ	one of the eight Heavenly Horse Dragons
化龙池	Huàlóngchí	Change-into-Dragon Pool; the Pool of Magic Dragons
鳞	lín	scales; fish scales
腮	sāi	jaws; cheeks
胡子	húzi	whiskers, beard
缠	chán	to coil around
华表柱	huábiǎozhù	engraved pillar

（一）选择与划线的词语意思相近的解释

1. 我们经历了<u>整整</u>十四个春秋。

A. 正好　　B. 很整齐

C. 差不多　　D. 整数

2. 唐僧把换的关文一一递给皇帝看。皇帝看完后，叫人收藏起来。

A. 一个人一个人地　　B. 慢慢地

C. 一个一个地　　D. 一起

3. 当初是因为你太不听话，才用这个金箍箍着你。今天你已经成了佛，自然应该把它拿下来了！

A. 不紧张　　B. 理所当然

C. 自由地　　D. 放松

（二）请根据课文内容选择恰当的答案

1. 下面哪一项，与文中介绍的内容不同：

A. 唐僧的大徒弟孙悟空是从花果山水帘洞来的

B. 唐僧的二徒弟猪八戒是从高老庄来的

C. 唐僧的三徒弟沙和尚是从流沙河来的

D. 唐僧的白龙马是从东海来的

2. 皇帝决定把真经放在哪里？

A. 望经楼　　B. 雁塔寺

C. 洪福寺　　D. 宫殿里

3. 下面哪一项，与文中介绍不同：

A. 唐僧当了功德佛。　　B. 孙悟空当了斗战胜佛。

C. 猪八戒当了净坛使者。　　D. 沙和尚当了银身罗汉。

（三）说一说

1. 请介绍一下皇帝为唐僧师徒准备的宴席。

2. 你喜欢书中的哪一个故事，喜欢故事中的哪一个人物？

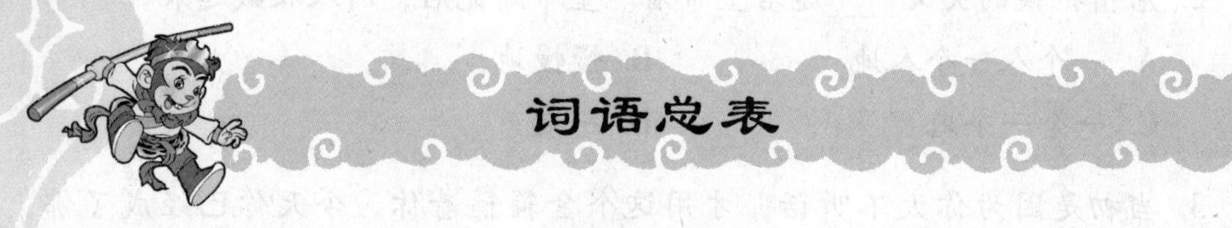

词语总表

词语	拼音	课数
A		
挨	ái	17
爱护	àihù	27
安排	ānpái	33
安下心来	ānxià xīn lái	36
安心	ānxīn	36
岸	àn	27
暗暗地	àn'àn de	35
暗中	ànzhōng	33
奥妙	àomiào	53
B		
八部天龙马	Bābù Tiānlóngmǎ	56
八卦炉	bāguàlú	8
芭蕉	bājiāo	42
拔	bá	9
把守	bǎshǒu	31
白骨	báigǔ	22
白骨精	Báigǔjīng	20
白鹤	báihè	47
柏树	bǎishù	52
拜了四拜	bàile sì bài	2
搬	bān	39
搬到	bān dào	48
搬回	bānhuí	39
半途而废	bàntú ér fèi	22
宝塔	bǎotǎ	23
宝杖	bǎozhàng	23
宝贝	bǎobèi	5
宝库	bǎokù	5
宝座	bǎozuò	5
保护	bǎohù	4
保佑	bǎoyòu	46
保重	bǎozhòng	45
报答	bàodá	41
报恩	bào'ēn	21
报仇	bàochóu	18
抱怨	bàoyuàn	52
暴跳如雷	bàotiào rú léi	46
背	bēi	28
背	bèi	12
背着	bèizhe	51
倍	bèi	44
被	bèi	7
辈儿	bèir	28
本来面目	běnlái miànmù	51
本领	běnlǐng	4
笨	bèn	22
崩出来	bēng chūlai	2
甭	béng	42
比丘国	Bǐqiūguó	48
必须	bìxū	18
闭	bì	21
闭上	bìshang	34
编	biān	40
匾	biǎn	52

国师	guóshī	34
国印	guóyìn	37
国丈	guózhàng	48
果然	guǒrán	10
过分	guòfèn	16
H		
海东青	hǎidōngqīng	47
海啸	hǎixiào	41
含	hán	4
含着眼泪	hánzhe yǎnlèi	4
寒光	hánguāng	49
寒暄	hánxuān	45
喊	hǎn	9
汉朝	Hàncháo	12
好收成	hǎo shōucheng	55
好胜	hàoshèng	49
合十	héshí	21
和尚	héshang	11
黑心	hēixīn	49
狠狠	hěnhěn	17
恨	hèn	24
轰隆	hōnglōng	2
哄	hōng	6
红光闪闪	hóngguāng shǎnshǎn	40
后代	hòudài	53
后悔	hòuhuǐ	46
呼哧	hūchī	49
呼风唤雨	hūfēng huànyǔ	34
呼呼	hūhū	16
狐狸王	húliwáng	44
胡编	húbiān	25
胡说	húshuō	29
胡说八道	húshuō bādào	29
胡子	húzi	56
葫芦	húlu	21
糊里糊涂	húlihutū	50
蝴蝶	húdié	31
琥珀	hǔpò	56
户	hù	20
花容月貌	huāróng yuèmào	20
华表柱	huábiǎozhù	56
哗啦	huālā	16
化	huà	15
化成$_1$	huàchéng	8
化成$_2$	huàchéng	22
化成汁儿	huàchéng zhīr	42
化龙池	Huàlóngchí	56
化身	huàshēn	18
化斋	huàzhāi	23
怀里	huáili	44
还击	huánjī	50
还嘴	huánzuǐ	16
慌	huāng	8
皇后	huánghòu	48
黄袍	huángpáo	23
黄袍怪	huángpáoguài	23
黄鹰	huángyīng	47
黄石公	Huáng Shígōng	12
晃动	huàngdòng	5
恢复	huīfù	50
回朝	huí cháo	55
会	huì	9
混	hùn	25
活命	huómìng	34
火	huǒ	29
火枪	huǒqiāng	29

飘	piāo	43
飘飘荡荡	piāopiāo dàngdàng	43
撇开	piēkāi	46
拼	pīn	47
乒乒乓乓	pīngping pāngpāng	11
平常	píngcháng	30
破	pò	13
破坏	pòhuài	50
破荤	pò hūn	45
剖开	pōukāi	36
菩萨	púsà	12
瀑布	pùbù	2
Q		
七十二变	qīshí'èrbiàn	4
齐天大圣	Qítiān Dàshèng	6
祈祷	qídǎo	39
奇怪	qíguài	17
其实	qíshí	20
齐心协力	qíxīn xiélì	54
岂有此理	qǐyǒu cǐlǐ	31
起死回生	qǐsǐ huíshēng	19
掐	qiā	40
迁	qiān	33
牵	qiān	12
千山万水	qiānshān wànshuǐ	53
千万	qiānwàn	23
千辛万苦	qiānxīn wànkǔ	53
千叶莲台	qiānyè liántái	33
前进	qiánjìn	42
嵌金	qiànjīn	13
强盗	qiángdào	11
抢	qiǎng	3
抢（先）	qiǎng（xiān）	17
悄悄	qiāoqiāo	16
敲	qiāo	14
桥	qiáo	3
瞧	qiáo	37
撬	qiào	13
切开	qiēkāi	49
妾	qiè	44
亲戚	qīnqi	28
亲手	qīnshǒu	22
禽	qín	33
青蛙	qīngwā	20
青枝绿叶	qīngzhī lǜyè	19
轻易	qīngyì	36
倾盆大雨	qīngpén dàyǔ	34
清澈	qīngchè	45
清风	qīngfēng	45
清华庄	Qīnghuázhuāng	50
清醒	qīngxǐng	27
蜻蜓	qīngtíng	32
求	qiú	19
渠	qú	32
取经心切	qǔjīng xīnqiè	39
圈儿	quānr	50
拳	quán	29
拳头	quántou	29
劝告	quàngào	46
劝住	quànzhù	53
缺	quē	49
裙子	qúnzi	10
R		
让$_1$	ràng	4
让$_2$	ràng	8
饶	ráo	21

饶命	ráomìng	33
惹	rě	31
热气蒸人	rèqì zhēng rén	42
人参果	rénshēnguǒ	15
忍	rěn	25
忍不住	rěnbuzhù	25
认出	rènchū	12
肉	ròu	35
如何	rúhé	46
如来佛	Rúláifó	7
如意	rúyì	5
软	ruǎn	23
S		
撒谎	sāhuǎng	41
洒	sǎ	19
腮	sāi	56
撒尿	sāniào	9
三更	sān gēng	4
三昧真火	Sānmèi zhēnhuǒ	31
三头六臂	sān tóu liù bì	28
散	sàn	34
臊气	sāoqì	9
嫂子	sǎozi	42
沙僧	Shā Sēng	1
傻眼	shǎyǎn	35
晒干	shàigān	39
山崩地裂	shānbēngdìliè	34
山顶	shāndǐng	2
山涧	shānjiàn	52
山门	shānmén	52
山头	shāntóu	33
煽火	shān huǒ	8
闪	shǎn	51
闪电	shǎndiàn	34
闪闪发光	shǎnshǎn fāguāng	47
扇	shān	42
扇	shàn	42
善财童子	Shàn cái Tóngzǐ	42
伤	shāng	16
伤疤	shāngbā	36
伤害	shānghài	27
伤心	shāngxīn	48
上当	shàngdàng	31
烧	shāo	8
烧开	shāokāi	36
烧香	shāo xiāng	34
烧饼	shāobing	13
舌尖儿	shéjiānr	18
蛇	shé	33
舍不得	shěbudé	32
舍得	shěde	38
设宴席	shè yànxí	51
伸	shēn	23
伸头	shēn tóu	23
深	shēn	33
深浅	shēnqiǎn	38
深潭	shēn tán	45
神通广大	shéntōng guǎngdà	26
神话	shénhuà	1
神秘地	shénmìde	2
神仙	shénxiān	4
生辰八字	shēngchén bāzì	31
生灵	shēnglíng	33
生人	shēngrén	45
胜败	shèngbài	23
胜负	shèngfù	46

绳子	shéngzi	17
省得	shěngde	23
尸体	shītǐ	21
狮子	shīzi	18
湿	shī	41
湿透	shītòu	54
石碑	shíbēi	38
十分害怕	shífēn hàipà	10
识破	shípò	50
实在	shízài	52
使劲儿	shǐjìnr	25
似的	shìde	25
士兵	shìbīng	5
释迦牟尼	Shìjiāmóuní	9
收粮食	shōu liángshi	42
收拾	shōushi	24
手指	shǒuzhǐ	40
受不了了	shòubuliǎo le	43
受苦	shòukǔ	47
受累	shòu lèi	30
受伤	shòushāng	33
兽	shòu	33
书签	shūqiān	53
舒服	shūfu	41
输赢	shū yíng	30
熟睡	shúshuì	55
熟悉	shúxi	52
树干	shùgàn	50
树林子	shùlínzi	48
树枝	shùzhī	7
数不尽	shǔ bú jìn	56
耍	shuǎ	5
耍花招	shuǎ huāzhāo	34
摔	shuāi	24
摔跤	shuāi jiāo	24
摔了一跤	shuāile yìjiāo	24
拴	shuān	24
双手合十	shuāngshǒuhéshí	21
水牛	shuǐniú	38
水手	shuǐshǒu	41
水晶宫	Shuǐjīnggōng	5
水帘洞	Shuǐlián dòng	3
顺着	shùnzhe	23
顺便	shùnbiàn	8
说话算话	shuōhuà suànhuà	42
说话算数	shuōhuà suànshù	3
说谎	shuōhuǎng	13
说梦话	shuō mènghuà	23
说情	shuōqíng	51
丝	sī	27
丝带	sīdài	40
丝毫	sīháo	32
思念	sīniàn	37
死尸	sǐshī	52
松林	sōnglín	23
松树	sōngshù	25
松手	sōng shǒu	7
怂恿	sǒngyǒng	24
俗话	súhuà	28
塑像	sùxiàng	55
算	suàn	40
算命	suànmìng	31
算什么	suàn shénme	19
算账	suànzhàng	16
虽然……，但是……	suīrán……，dànshì……	30

孙悟空	Sūn Wùkōng	1
锁	suǒ	14
锁（上）	suǒ（shang）	16
T		
踏上	tà shàng	27
（……的道路）	（……de dàolù）	
太医	tàiyī	50
太上老君	Tàishàng Lǎojūn	8
泰山	Tàishān	47
贪图美色	tāntú měisè	48
弹回去	tán huíqu	7
叹一口气	tàn yì kǒu qì	11
唐朝	Tángcháo	10
唐三藏	Táng Sānzàng	51
唐僧	Táng Sēng	1
躺	tǎng	23
烫死	tàngsǐ	37
逃跑	táopǎo	11
桃核儿	táohúr	35
桃园	táoyuán	6
特地	tèdì	51
特意	tèyì	10
腾云驾雾	téngyún jiàwù	42
天鹅	tiān'é	47
天宫	tiāngōng	27
天兵天将	tiānbīng tiānjiàng	8
铁	tiě	24
铁鼓	tiě gǔ	29
铁笼子	tiě lóngzi	24
铁锁	tiěsuǒ	27
铁塔	tiětǎ	47
铁柱	tiě zhù	5
帖子	tiězi	9

通风口	tōngfēngkǒu	8
通行证	tōngxíngzhèng	34
铜	tóng	42
童男童女	tóngnántóngnǚ	38
偷	tōu	15
头疼	tóuténg	13
图	tú	31
图便宜	tú piányi	31
徒弟	túdi	4
团圆	tuányuán	41
退	tuì	23
退出来	tuìchulai	8
吞	tūn	38
托	tuō	32
拖	tuō	36
脱光	tuōguāng	29
脱了凡胎	tuōle fántāi	52
脱（下）	tuō（xià）	17
驮	tuó	32
W		
袜子	wàzi	51
外传	wàichuán	53
弯	wān	33
碗口	wǎnkǒu	34
万岁	wànsuì	25
万物	wànwù	53
汪洋大海	wāngyáng dàhǎi	33
王母娘娘	Wángmǔ Niángniang	7
往返	wǎngfǎn	42
望经楼	Wàngjīnglóu	55
危险	wēixiǎn	26
为难的样子	wéinán de yàngzi	35
围	wéi	28

词语	拼音	页码
心脏	xīnzàng	36
辛苦	xīnkǔ	23
欣赏	xīnshǎng	52
新鲜	xīnxiān	25
兴奋	xīngfèn	52
星星点点	xīngxīng diǎndiǎn	20
行凶	xíng xiōng	27
行装	xíngzhuāng	44
行者	xíngzhě	10
醒	xǐng	4
杏树	xìngshù	45
性情	xìngqíng	12
胸	xiōng	36
修功德	xiū gōngdé	52
修行	xiūxíng	41
绣花针	xiùhuāzhēn	5
袖子	xiùzi	9
玄奘	Xuánzàng	53
悬挂	xuánguà	56
学	xué	14
熏	xūn	30
寻常	xúncháng	56
寻找	xúnzhǎo	15
Y		
压住	yāzhù	9
淹没	yānmò	33
淹着	yānzháo	33
沿着	yánzhe	52
阎王	Yánwang	26
眼儿	yǎnr	37
眼巴巴	yǎnbābā	47
眼泪	yǎnlèi	17
咽	yàn	46
宴会厅	yànhuìtīng	56
雁塔寺	Yàntǎsì	56
羊	yáng	27
羊群	yángqún	27
杨柳	yángliǔ	33
杨梅	yángméi	25
养马	yǎng mǎ	6
样样俱全	yàngyàng jùquán	56
妖法	yāofǎ	36
妖怪	yāoguài	14
妖精	yāojing	45
腰带	yāodài	51
摇船	yáo chuán	52
摇晃	yáohuang	7
摇摇晃晃	yáoyáo huànghuàng	7
摇头晃脑	yáo tóu huàng nǎo	34
摇身一变	yáo shēn yí biàn	14
瑶池	Yáochí	7
遥远	yáoyuǎn	53
咬	yǎo	18
咬破	yǎopò	18
咬一口	yǎo yìkǒu	6
咬住	yǎozhù	24
杳无音信	yǎo wú yīnxìn	52
药方	yàofāng	18
药引子	yàoyǐnzi	48
野	yě	12
野兽	yěshòu	37
一般	yìbān	43
一口破钟	yìkǒu pòzhōng	35
一拍脑袋	yì pāi nǎodai	29
一片真心	yípiàn zhēnxīn	53
一时	yìshí	31

练习参考答案

一
(一) 1. D　2. D
(二) 1. D　2. A

二
(一) 1. A　2. C
(二) 1. B　2. D

三
(一) 1. C　2. B
(二) 1. D　2. D

四
(一) 1. B　2. D　3. B
(二) 1. D　2. D　3. D

五
(一) 1. C　2. B　3. C
(二) 1. C　2. D　3. D

六
(一) 1. C　2. D　3. C
(二) 1. D　2. B　3. B

七
(一) 1. D　2. D　3. B
(二) 1. D　2. C　3. C

八
(一) 1. B　2. D　3. A
(二) 1. D　2. D　3. C

九
(一) 1. D　2. B　3. C
(二) 1. D　2. B　3. D

十
(一) 1. D　2. C　3. A
(二) 1. D　2. D　3. C

十一
(一) 1. B　2. D　3. C
(二) 1. C　2. D　3. D

十二
(一) 1. B　2. D　3. D
(二) 1. D　2. A　3. D

十三
(一) 1. A　2. D　3. D
(二) 1. D　2. C　3. C

十四
(一) 1. D　2. C　3. C
(二) 1. D　2. C　3. B

十五
(一) 1. D　2. C　3. D
(二) 1. D　2. C　3. B

十六
(一) 1. A　2. D　3. A
(二) 1. D　2. D　3. B

十七
(一) 1. C　2. A　3. D
(二) 1. D　2. C　3. D

十八
(一) 1. A　2. B　3. C
(二) 1. D　2. B　3. D

十九
(一) 1. A　2. B　3. C
(二) 1. D　2. B　3. A

二十
(一) 1. C　2. D　3. D
(二) 1. D　2. B　3. B

二十一
(一) 1. C　2. D　3. D
(二) 1. D　2. D　3. B

二十二
(一) 1. D　2. D　3. C
(二) 1. C　2. D　3. D

二十三
(一) 1. C　2. D　3. D
(二) 1. C　2. D　3. A

二十四
(一) 1. A　2. D　3. D
(二) 1. D　2. D　3. A

二十五
(一) 1. A　2. D　3. D
(二) 1. D　2. C　3. D

二十六
(一) 1. D　2. D　3. D
(二) 1. D　2. A　3. B

二十七
(一) 1. A　2. D　3. D
(二) 1. D　2. C　3. D

二十八
(一) 1. D　2. D　3. C
(二) 1. D　2. C　3. C

二十九
(一) 1. D　2. D　3. C
(二) 1. D　2. B　3. D

三十
(一) 1. D　2. D　3. C
(二) 1. D　2. A　3. D

三十一
(一) 1. D　2. D　3. C
(二) 1. D　2. C　3. D

三十二
(一) 1. D　2. B　3. C
(二) 1. C　2. C　3. C

三十三
(一) 1. D　2. B　3. C
(二) 1. D　2. D　3. B

三十四
(一) 1. D　2. D　3. D
(二) 1. B　2. C　3. C

三十五
(一) 1. D　2. C　3. D
(二) 1. C　2. D　3. D

三十六
(一) 1. A　2. B　3. C
(二) 1. C　2. C　3. A

三十七
(一) 1. D　2. A　3. C
(二) 1. B　2. C　3. C

三十八
(一) 1. D　2. D　3. D
(二) 1. B　2. C　3. B

三十九
(一) 1. D　2. D　3. D
(二) 1. D　2. C　3. B

四十
(一) 1. D　2. C　3. D
(二) 1. D　2. D　3. A

四十一

（一）1. A　2. A　3. D

（二）1. D　2. D　3. C

四十二

（一）1. C　2. D　3. B

（二）1. D　2. D　3. D

四十三

（一）1. C　2. B　3. A

（二）1. B　2. D　3. D

四十四

（一）1. C　2. D　3. D

（二）1. D　2. D　3. A

四十五

（一）1. C　2. A　3. B

（二）1. B　2. C　3. D

四十六

（一）1. A　2. A　3. C

（二）1. D　2. A　3. A

四十七

（一）1. C　2. A　3. B

（二）1. D　2. D　3. B

四十八

（一）1. C　2. A　3. B

（二）1. B　2. B　3. D

四十九

（一）1. C　2. C　3. B

（二）1. B　2. B　3. D

五十

（一）1. C　2. C　3. B

（二）1. A　2. C　3. D

五十一

（一）1. C　2. C　3. B

（二）1. D　2. D　3. A

五十二

（一）1. C　2. B　3. A

（二）1. D　2. D　3. C

五十三

（一）1. C　2. B　3. A

（二）1. A　2. A　3. A

五十四

（一）1. C　2. B　3. A

（二）1. C　2. C　3. D

五十五

（一）1. C　2. B　3. A

（二）1. C　2. C　3. C

五十六

（一）1. A　2. C　3. B

（二）1. D　2. B　3. D